IMPRESSUM

AUTORIN:
Barbara Hennings

LEKTORAT:
Franziska Bartels

COVERGESTALTUNG:
Juliane Appel

SATZ:
Karina Lotz

BILDER:
© Tanja Naturfoto – stock.adobe.com
© NikhomTreeVector – stock.adobe.com
© Susann Mielke – pixabay.com

VERLAG:
edition federleicht, Fulldatal
www.edition-federleicht.de

1. Auflage 2024

ISBN 978-3-68935-003-1

BARBARA HENNINGS

DIE MOSELBANDE

ERZÄHLUNGEN

edition federleicht

INHALT

VORWORT

Moselufer und Eifelschluchten. Wer bewundert sie nicht, die steilen oder sanft ansteigenden Hänge eines der schönsten Flussläufe Europas. Terrassen zur Sonnenseite hat dieser beliebte Fluss zu bieten für die köstlichsten Rebsorten, aus denen die weltweit begehrten Moselweine entstehen.

Wer heute der Landschaft zwischen Moselufer und Eifelhöhen einen Besuch abstattet, denkt gern an das vielfältige Panorama von Schlössern, Burgen, Burgruinen, Klöstern und Abteien. Alles Denkmäler vergangener Tage, die, umarmt von dicht bewaldeten und tief eingeschnittenen Schluchten, über schmale Pfade die Ufer ihres nahen Flusses berühren.

Manchmal muss man sie suchen, die verwunschenen Passagen zwischen den Weingewächsen hinauf zu den Anhöhen. Hier beginnt es, das Leben der Eifel. Ein erster Blick auf ihre Landschaft, und eine andere Welt breitet sich dort aus. Naturliebhaber erfreuen sich an der üppigen Flut von Eichen-, Buchen- und Mischwäldern aller Art. Sie fühlen sich unweigerlich in den Bann gezogen, die stillen Geheimnisse von Flora und Fauna unterhalb dieses tiefgrünen Blätterdachs zu ergründen. Wanderer marschieren über Traumpfade, klettern über den Eifelsteig, genießen die Ausblicke auf dem Moselsteig.

Wer fasziniert ist von den tiefblauen Eifelmaaren, schmalen, dennoch zornig rauschenden Bachläufen zwischen steil aufragenden Schieferfelsen, wo Wildkatzen neben Raubvögeln eifrig ihr Revier verteidigen, ist geneigt zu übersehen, dass diese überquellende Üppigkeit an Natur zwischen Rhein und Mosel über Jahrhunderte hinweg wiederholt der Schauplatz von heftigsten kriegerischen Auseinandersetzungen war.

„... es war niemals Friede bei uns“, so ein Zitat eines Pfarrers aus Weyer, der mit diesen Worten seinen Pfarrdienst von 1585 bis 1607 als eine Epoche schwerster Verfolgung und Knechtschaft beschrieb. Die Eifel- und Mosellandschaft erlebte zwischen dem 16. und 18. Jahrhundert Zeiten anhaltender Kriege.

Der Dreißigjährige Krieg war 1648 mit seinen Schmerzen und Erschütterungen einigermaßen überwunden, als der Sonnenkönig Ludwig XIV. im Pfälzischen Erbfolgekrieg (1688 – 1697) seine marodierenden Soldaten durch die Lande scheuchte. Ein Steckenpferd von Ludwigs Truppen war ohne Frage die Neigung zur Brandstiftung. An kaum einer Burg, einer Abtei, einem Schloss, einem Kloster zogen sie vorbei, ohne alle Mauern, die sich ihnen in den Weg stellten, im Feuer zu versenken und in Schutt und Asche zu verwandeln. Städte wie Cochem, Mayen und Wittlich fielen den wütenden Flammen jener randalierenden Truppen gänzlich zum Opfer, mussten in ruhigeren Zeiten komplett neu aufgebaut werden.

Kaum herrschten nach dem Spanischen Erbfolgekrieg (1701 – 1714) ein paar Jahre der Ruhe, brach im Jahr 1789 die Französische Revolution aus. Ein einschneidendes Ereignis, welches mit seinen Umwälzungen in gewaltigen Wellen durch große Teile Europas schwappte. Sie war der Anlass für französische Revolutionstruppen, ab 1792 das Moseltal und die Eifelhöhen mit gewaltigem kriegerischen Eifer erneut zu überfluten.
Anders dieses Mal: Die Invasoren führten neben Schießpulver und Kanonen auch ein neues Verwaltungssystem im Gepäck. Mit diesem belästigten sie die belagerten Regionen in der Absicht, die herrschenden Gesellschaftsverhältnisse komplett auf den Kopf zu stellen. Die Revolutionäre trachteten danach, die Gerichtsbarkeiten und Rechtsprechungen, auf die sie stießen, radikal umzukrempeln. Ein neuer Kalender wurde eingeführt. Durch die ständigen Veränderungen in den meisten Belangen von Recht und Ordnung dümpelten die belagerten Regionen jahrelang in einem Raum rechtlicher Verwirrungen und Unsicherheiten.

In dieser Zeit bot sich die Gelegenheit für eine neue, lästige Plage heimischer Art. Die Zeit der Räuberbanden brach an, und mit ihnen entstanden die Legenden um ihre Köpfe. Die eines Schinderhannes sei hier in einem Zuge genannt. Der Hunsrück war sein Zuhause und im Wesentlichen auch sein Revier für Plünderungen und Überfälle.
Doch links der Mosel an den Ufern und auf den Eifelhöhen durchpflügte eine andere Bande die Landschaften. Es war die Moselbande, und der wurde viele Jahre später nachgesagt, die Grausamkeiten ihres Kollegen Schinderhannes noch um einiges zu überbieten.
Auch in ihrer Mitte gab es einen Rädelsführer, der von sich reden machte. Sein Name war Hans Bast Nikolai. Johann Sebastian Nikolai, so der vollständige Name, lebte bis kurz vor Ausbruch der Franzosenkriege eine ganz andere Leidenschaft. Mit seinem stets vor Stolz erhobenen Haupt führte er ein bewundertes Leben als Kur-

trierer Grenadier und war als Elitesoldat in einer Kaserne in Trier stationiert.
Dann folgte 1794 sein abrupter Rauswurf. Diesen hatte der stattliche Hüne und Blickfänger von einem Mann einer unerlaubten Liebschaft mit der Frau seines adeligen Vorgesetzten zu verdanken, der unheilbare Genickbruch seiner militärischen Laufbahn.
Mit einem bitteren Herzen schlich er vom Kasernenhof. Fortan bestritt Nikolai seine bescheidene Existenz als Grobschmied in Krinkhof, einem kleinen Dorf bei Hontheim in der Eifel. Mit der Zeit fügte es sich, dass eine Horde ungehobelter Landstreicher und Tagelöhner sich um ihn scharte, in ihm wohl den Erlöser ihrer zerpflückten Existenzen suchten. Dann ließ sich dieser zügellose Haufen unter Nikolais Führung zu Raub, Erpressung und nächtlichen Überfällen anstiften, die weite Gebiete der Eifel und des Moselufers in Angst versetzten, den dort lebenden Menschen das Fürchten lehrten. Brandbriefe flatterten untadeligen Bürgern unzählige Male in die Höfe und mit ihnen die Androhung, Hab, Gut und Vieh in Flammen zu versenken, sollten die Erpressten sich nicht beugen.
Doch Raubzüge, um die Schmach seines verletzten Stolzes zu sühnen, reichten Nikolai nicht. Eine Mär umgab den Schmied und Pferdekenner, er stünde mit dem Teufel im Pakt. Ein Heiler soll er gewesen sein und damit in der Lage, mit besonderen Rezepten vielfach Entkräfteten, Erkrankten oder sonst im Geist und Gemüt Verwirrten wieder zu ihrer gesunden Seele zu verhelfen. Die Menschen fürchteten Nikolai. Sie zitterten vor ihm, verehrten ihn gleichzeitig. Dabei war Hans Bast Nikolai weit und breit und vor allem an seinem Wohnort Krinkhof als Held gefeiert.

Der Räuberhauptmann Nikolai selbst hatte das, was ihm widerfahren war, immer als ein großes Unrecht auf die Fahne seiner Lebensgeschichte geschrieben. Sein Hass auf tonangebende Obrigkeiten, die für seinen jähen Sturz vom Flügelmann einer Ehrengarde zum einfachen Beschlager von Pferdehufen gesorgt hatten, war so ohnmächtig, dass er Flüche ausstieß. Noch zu seinen Lebzeiten und bis kurz vor seinem Tod waren es seine Verwünschungen, die allen vermeintlichen Bestimmern seiner Lebensqual bis zum Jüngsten Tag Unglück bringen sollten.
So entstanden Geschichten. Folgen wir deshalb unter anderem der Erzählung über ein Phänomen, das sich Rachebaum nennt, den es übrigens noch heute geben soll.

Daneben wird von einem Thommermännchen berichtet. Sein Wirken ist irgendwo in der Nähe von Daun spektakulär und soll nach amtlichen (versteckten) Berichten auch heute noch nicht ganz ausgestanden sein.

Nikolai liebte es von jeher, seine Nähe zum Tierreich anzupreisen. So übt bei der Schilderung des Brudermords von Schutz ein Marder reichlich Rache aus, und Nikolai hat seinen Spaß dabei.
Wer war dieser Mann mit der brüchigen Biographie eines ehemaligen Elitesoldaten wirklich?
Bei dem Versuch einer Antwort auf diese Frage werfen wir bei den folgenden Geschichten neben den schrägen Erscheinungen aus der Welt der Unwirklichkeiten auch einen Blick auf all die Personen, die sein Leben begleiteten.
Da sind zum einen seine beiden Töchter, Katrin (die ältere) und Maria (die jüngere) zu nennen.
Wir streifen bei unserem Ausflug durch Nikolais Leben auch Vertreter von Recht und Ordnung und stoßen dabei auf den Friedensrichter Adami aus Lutzerath, dessen Schicksal eines Tages ungewollt und ungeplant mit Nikolai verwoben wird.
Und gleich zu Beginn der Erzählungen erleben wir den Justizbeamten Freiherr von Embden aus Rhauen im Hunsrück, dem die Bande besondere Qualen zufügt.

Aber auch einige von Nikolais Schergen kommen zu Wort. Der Schustergeselle Heinrich Simonis aus Kinderbeuren beklagt heftigst die herben Mühen, in dieser Zeit überhaupt zu überleben. Dann werfen wir einen Blick auf das Schicksal des arg geplagten Müllers Christian Hochscheid aus Reil. Mit dem zuletzt Genannten verfolgen wir dann die Lebensgeschichte eines der grausamsten Mitstreiter der Bande: Johann Schiffmann aus Höllental.

Jede dieser Personen, in deren Leben Sie ein wenig eintauchen, hat es tatsächlich gegeben. Dabei mögen Sie Täter und Opfer in diesen Schicksalen erkennen und vielleicht beides gleichzeitig. Vor allen Dingen waren sie eines: Menschen ihrer Zeit.

BARBARA HENNINGS

Herr von Embden und die Räuberbanden in rauen Zeiten

Die Vorweihnachtszeit des Jahres 1797 war angebrochen oder auch die zweite Hälfte des Frimaire im Jahr VI. Auch der Justizbeamte Freiherr Julius von Embden im abgelegenen Kanton des Arrondissements Birkenfeld auf der Hunsrückseite der Mosel in der Provinzhauptstadt Rhaunen fühlte sich mächtig unter Druck und wie auf heißen Kohlen. Laut seufzte er auf. Die lastenden Verhältnisse von Land und Leuten stürzten ihn bereits seit längerem in schwerste Besorgnis.

Tage zuvor hatten anhaltende Schnellfälle das Land unter eisigen Schneebergen begraben, und die weißen Massen waren zu steinharten Eisschollen gefroren. Freiherr von Embden saß wie gefesselt an seinem Schreibtisch und blickte gebannt aus dem Fenster seiner Amtsstube. Kurz beobachtete er, wie die frühe Nachmittagssonne in den fest gefrorenen Fahrrillen der Kutschen vor dem Gebäude ihr schimmerndes Lichtspiel betrieb.

Während sich seine Augen an dem Glitzern der funkelnden Sonne auf den spiegelglatten Schneespuren erfreuten, versuchte der Freiherr, seiner rumorenden Gedanken Herr zu werden. „Wir Diener von Recht und Ordnung müssen zusammenarbeiten“, flog eine Idee durch seinen Kopf. Der Freiherr zwang sich, zur Feder zu greifen.

„Meine hochgeschätzten, verehrten Kollegen“, lautete der Beginn eines Briefes, welchen er an diesem Nachmittag an einen weiten Kreis von weiteren Friedensrichtern und Justiziaren zu richten gedachte, um seine bedrückende Betrübnis zu teilen.

„Lassen Sie mich unser aller Situation wie folgt zusammenfassen: Desaströs ist die derzeitige Lage sämtlicher Kantone und Departements zwischen Rhein, Mosel und Saar. Sodom und Gomorrha sind himmlische Zeiten im Vergleich zu dem, was wir gerade zu ertragen haben. Und wir Herren aus Kurtrier und

Simmern stehen daneben, geknebelt und verdammt dazu, stumm und tatenlos zuzusehen.

Unsere Klöster sind aufgelöst, unsere Kirchen als Pferdeställe der französischen Kavallerien missbraucht. Unsere Justiz ist von den trampelnden Truppen dieser Aufständischen außer Kraft gesetzt und wir Staatsdiener von Recht und Gesetz sind in unserem eigenen Land jeglicher Autorität beraubt. Wie Sie wissen, war der Umsturz in Frankreich und eine dort tobende Revolution der Beginn unseres juristischen Desasters. Selbst ernannte Moralisten und blutrünstige Richter bliesen sich auf und haben nichts Besseres zu tun, als uns, ihre Nachbarn, gleichermaßen mit ihrem Aufruhr zu knechten und zu drangsalieren. Denn die Besetzung durch diese Horde Halbstarker hat uns nichts anderes als den Sumpf eines haltlosen Chaos beschert!“

Der Freiherr unterbrach kurz sein Schreiben. Eigentlich galt Julius von Embden allgemein als ruhiger und unauffälliger Vertreter seiner beruflichen Gattung. Er genoss mit seiner Familie in Rhaunen, einer Gerichts- und Verwaltungsstadt im Hunsrück, ein gefestigtes Ansehen. Seine Familie war der Jurisprudenz bereits seit Generationen verschworen.

Der Freiherr lebte seine Tätigkeit als Justiziar entsprechend mit jedem Tropfen Blut, welcher durch seine Adern rauschte, ihn unablässig zum Dienst an der Wahrheit verpflichtete und jeden Tag neu einen klaren Blick auf Tatbestände von ihm forderte. Ein Wort wie Gerechtigkeit bedeutete für ihn niemals nur eine leere Formel. Verstöße von Recht und Ordnung waren entsprechend zu ahnden und von daher für ihn fraglos mit zwingendem Handeln verbunden. Diese Haltung war er seinem Berufsstand schuldig, ebenso die Selbstverständlichkeit, seinen Lebenswandel dieser Einstellung unterzuordnen. Gott und der Welt gegenüber hatte er somit als ein eisernes Vorbild unantastbarer Tadellosigkeit vorzustehen.

„Die Monarchen in der unmittelbaren Nachbarschaft zu Frankreich hielten es nicht für nötig, ihrem adeligen Vetter Ludwig XVI.

hilfreich unter die Arme zu greifen und seine Krone zu verteidigen", formte seine Feder weitere Worte tiefen Grolls.

„Ruhigen Schlafes beobachtete die europäische Noblesse, wie Ludwigs Kopf unter der Guillotine fiel, der grölende Mob in Paris seine ganze adelige Gefolgschaft abschlachtete, dabei Träger von Stand und Würde halbnackt durch die schmuddeligen Gassen der Stadt scheuchte. Stattdessen schielte der lange Blick der europäischen Adeligen gen Osten. Es wurde fürchterlich gezittert, der Aufstieg ihrer deutschen Cousine Katharina im fernen Russland wäre die erste Ursache, das derzeitige Machtgefüge in Europa ordentlich ins Wanken zu bringen.

Doch dann, wie Sie wissen, stampfte nach dieser Fehleinschätzung der Fürstenhäuser als nächstes eine Revolutionsarmee mit einer Truppenstärke von 200.000 Mann über unsere Grenzen und legte zwischen Saar und Mosel als Erstes alles lahm, was für uns Recht und Gesetz bedeutete. Mit mächtigen Stiefeltritten wurde unsere öffentliche Ordnung mit Füßen getreten."

Herr von Embden bemerkte es nicht einmal, wie sein wachsender Eifer, sich über die derzeit herrschenden Verhältnisse auszuschütten, seine Wangen erhitzte. Erregung floss unaufhaltsam in seine Feder hinein, die bald vor der Übermacht seines Mitteilungsdrucks zitterte, dann kratzte und danach ganz streikte.

Er legte die Feder beiseite. Seine Hand hatte einen Krampf bekommen. Die Knöchel seiner Finger schmerzten. Dennoch, der Brief war noch lange nicht zu Ende geschrieben.

Hinter ihm knisterten die Holzscheite im Kamin. Er schaute noch einmal aus dem Fenster, verfiel ins Sinnieren.

Noch vor wenigen Jahren hatte seine Amtsstube im Barockgebäude des wildgräflichen Oberamtshauses direkt im Zentrum von Rhaunen gelegen. Doch dann marschierten die französischen Revolutionstruppen durch den Ort und rissen sich dieses pittoreske Gebäude kurzerhand als Kaserne unter den Nagel. Der Amtmann des Ortes sowie seine gleich- und nachrangigen Beamten wurden mit einem Streich auf die einsam gelegenen Gebäudereste der einstigen Schmidtburg mitten in die grüne Wildnis ausquartiert. Ihre Schreibtische vermochten die städtischen Obrigkeiten gerade noch zusammenzupacken und auf Karren zu hieven.

Von Embden ließ seinen Blick über die unweit gelegenen, geschliffenen Mauern der Befestigungsanlage zwischen Ober- und Unterburg gleiten, die seit dem Flammenmeer im Erbfolgekrieg unter Ludwig XIV. standhaft Wind und Wetter in jeder Jahreszeit zu trotzen schienen. Wildkräuter hatten dieses Reich der ehemaligen Zerstörung schon lange für sich vereinnahmt, überwucherten mit dem Stolz ihres Wachstums die Ruinen eines ehemals stattlichen Mauerwerks. Der Zugang zu diesen ausgelagerten Schreibstuben bedeutete für alle Amtmänner und ihre Gefolgschaft eine mühsame Reise über einen holprigen und morastigen Waldweg. Dieser führte direkt aus Bundenbach heraus und tastete sich abwärts an einem Kegelberg entlang bis zu dem tiefsten Punkt einer Talsenke. Auf der Seite der ehemaligen Burganlage mühte sich dieser Pfad wieder aufwärts, formte dabei gleichzeitig eine mit reichlich Steinen übersäte Serpentine. Wie sehr von Embden doch diese Ohnmacht der Fremdbestimmung hasste.

Der Freiherr warf einen verächtlichen Blick auf seine altersschwache Feder, ließ sie liegen, griff zu einem Ersatz und setzte sein Schreiben fort.

„Meine Herren, Sie wissen schon, dass unsere kronenfeindlichen Nachbarn und ihre ständig wechselnden Machthaber in Paris nicht in der Lage sind, ihre Belagerungstruppen aus den eigenen Taschen zu bezahlen. Die Franzosen verspotten zwar unsere Lebensweise als „Ancien Régime“. Allerdings hält sie ihr Drang zur Weltverbesserung nicht davon ab, unsere Bevölkerung mit Zwangsabgaben zu drangsalieren, den Menschen endlose Heu-, Fleisch- und Brotlieferungen abzupressen, die besten Pferde aus den Ställen unserer Bauern und Gutsherren zu zerren. Per Erlass aus Paris müssen diese Truppen vor Ort eigenständig für ihren Lohn sorgen und sich tagtäglich ihr Brot neu beschaffen. Auf diese Weise gleicht unsere Belagerung nichts anderem als einer nimmersatten Heuschreckenplage.

Verehrtes Kollegium, dieser Krieg hat nicht nur unsere würdige Justiz in die Knie gezwungen und dabei die Polizei und ihre Führungen überall aus dem Lande gejagt. Was wir jetzt erleben, ist pure Anarchie.

Und damit, meine sehr verehrten Herren, komme ich zur nächsten Quittung dieser Rechtlosigkeit. Nun, bitte ich Sie, lesen Sie ganz genau meine Zeilen!

Sie nennen sich die Raubritter der modernen Tage. Dabei ist dieses Pack nichts anderes als herrenloses Gesindel, das durch die Lande streicht und vielerorts einbricht. Pferde und Vieh werden auf diese Weise fast täglich aus den Ställen geraubt. Außerdem wird das hart arbeitende Volk auf das Übelste bedroht, man fackele ihnen Haus und Hof ab, wenn die Bedrängten und Bedrohten bis zur letzten Gürtelschnalle nicht alles rausrücken, was diese rücksichtslosen Gesellen ihnen abpressen.

Das führt dazu, dass es inzwischen bei Tage niemand mehr wagt, ohne zusätzliche Knechtschaft die Felder zu beackern. Bei Nacht traut sich niemand mehr, zu Fuß städtisches Pflaster zu betreten aus Furcht, misshandelt oder überfallen zu werden. Das einfache Volk vom Land muss zusätzlich nachts Wache halten, um die Herden zu hüten.

Es sind Banden, die links sowie rechts der Mosel bereits ganze Kantone in Angst und Schrecken versetzen und dabei plündern, rauben und nun auch morden, was das Zeug hält. Es ist eine wirre und zerlumpte Schar von kriminellem Gesindel, welches einzeln oder in Gruppengrößen aller Art überall dort rohes Scharmützel betreibt, wo die Herbergen wenig licht und die Wälder möglichst dunkel sind.

Hier auf der Hunsrückseite möchte ich auf einen Mann verweisen, der als Johannes Bückler sein räuberisches Unwesen treibt.

Auch Schinderhannes genannt, eilt ihm sein rauer Ruf weit voraus.

Auf der Eifelseite wütet ein Haufen, dem wir den Namen Moselbande geben. Wir mutmaßen, der Grobschmied Hans Bast Nikolai aus dem Dorf Krinkhof bei Hontheim ist es, der dort seine Horde anführt. Diese wenig illustren Gefolgschaften vom Schinderhannes und diesem Nikolai setzen sich zusammen aus dem verlorenen Abschaum unserer Gesellschaft: darunter arbeitslose Tagelöhner, brotlose Handwerker, landstreichende Hausierer, zerlumpte Bettler und sonstige gesichtslose Taugenichtse. Mit Hehlerware schleppt sich dieses Pack durch die Lande und spioniert sich auf diese Weise von Ortschaft zu Ortschaft.

Auf der ständigen Suche nach Unterschlupf schleichen diese finsteren Gestalten um einsame Gehöfte oder auch vergessene und versteckte Mühlen in tiefen Schluchten oder stillen Seitentälern. Hinter den letzten verborgenen Mauern verteilt jenes Gesindel entweder sein Raubgut oder plant mit widerwärtigen Absichten die nächsten Überfälle.

Der Einstieg in das kriminelle Geschäft jenes raffgierigen Gesindels begann zunächst mit Pferdediebstählen. Nachdem die ersten Überfälle mangels Schutzkräften ungeahndet blieben und die Angst und Not der Haus-, Hof- und Viehbesitzer sie nur noch zusätzlich anstiftete, wurden diese Banden immer frecher. Ihre Einbrüche wurden immer dreister, die Raubzüge immer brutaler. Es sei mir gestattet, hier an dieser Stelle nur die allerschlimmsten Taten aufzulisten.

1. Die Ermordung von Theodor Mungel aus Waldkönigen in der Nacht vom 14./15. August 1797 (nach dem amtlichen Kalender vom 27. auf den 28. Thermidor)

Mungel war Tagelöhner. Nach Zeugenaussagen geriet der später Ermordete am Vorabend seines Todes mit einem Metzger namens Bruttig aus Bad Bertrich in einen wüsten Streit. Dieser Bruttig ist ein enger Gefährte von Hans Bast Nikolai und seiner Gefolgschaft. Auf diese Weise legte sich Mungel gleich mit der ganzen Horde um diesen Nikolai an. Einen Tag später entdeckten Spaziergänger den Leichnam Mungels in einem Gebüsch. Seine Mörder hatten ihn zuerst erschlagen, ihn anschließend fast vollständig entkleidet und danach auch noch enthauptet. Den Kopf von Mungel hatten seine Mörder ein paar Meter weiter achtlos ins Gebüsch geworfen.

2. Der gewaltsame Tod eines französischen Offiziers, Hauptmann D'Aubry bei Reil im Herbst 1796

Der französische Offizier Hauptmann Laurant D'Aubry wurde an einer Eiche auf dem Reiler Hals komplett ausgeraubt. Dabei scheinen die Täter eine besonders komödiantische Freude daran zu haben, ihren Opfern die Kleider vom Leib zu reißen. D'Aubry wurde in dünner Unterwäsche aufgefunden. Eine Stichwunde tief in seinem Nacken führte nach Erkenntnissen eines Wundarztes zu seinem Tod. Die Vermutung ist groß, dass der Ermordete in den letzten Momenten seines Lebens gebetet hatte. Sein Mörder hatte demnach dem Überfallenen in den Moment das Messer in seinen Nacken gerammt, als das Opfer in seiner Todesangst den Allmächtigen um Hilfe bat.

3. Einbruch in Alf bei dem Händler und Postmeister Theißer am 06. November 1797 (25. Brumaire)

Der Händler zeigte den Einbruch in sein Lager an. Das Schloss seines Lagers war gewaltsam zerstört. Bei diesem Überfall wurden dem Krämer alle seine hochwertigen Waren gestohlen. Sein Lager war anschließend nicht nur komplett leer. Auch die Räumlichkeit war zerstört.

4. Diebstahl eines Ochsen im Frühjahr 1796

Der Bauer Schlettweiler aus Hasborn beklagte Ende März des Jahres 1796 den Diebstahl eines seiner fettesten Ochsen. Der wohlhabende Gutsbesitzer Michel Kaufmann aus Kinderbeuren bekam kaum ein paar Tage nach diesem Diebstahl Besuch von Hans Bast Nikolai. Nikolai bot Kaufmann jenen stattlichen Ochsen an und Kaufmann erwarb ihn. Ein paar Tage später wurde Kaufmann des Nachts offensichtlich wieder von seinem Ochsenverkäufer aufgesucht. Bei diesem Besuch stahl ihm die Horde nicht nur seinen frisch erworbenen Ochsen wieder aus dem Stall. Die Bande scheute sich nicht, in Kaufmanns Haus einzubrechen und seine ganzen Geldmünzen mitgehen zu lassen. Kaufmann hatte seine Münzen im Kontor im Haus aufbewahrt.

5. Pferdediebstähle – das Hauptgeschäft der Flüchtigen

Wie Sie wissen, sind Pferde in diesen Tagen Mangelware. Es ist uns aber auch bekannt, dass in den Orten wie Bekond, Osann-Monzel sowie in weiteren Ortschaften zwischen der Mosel und den Eifeldörfern nicht nur viele Pferde aus den Ställen verschwinden und weiterveräußert werden. Viele neue Eigentümer wissen schon, es kann nur Diebesgut sein, das sie da erwerben. Somit denken sie überhaupt nicht daran, den eigenen Pferdediebstahl überhaupt zu melden. Niemand weiß, wer der Nächste ist, wer als nächster in seinen leeren Stall schaut. Ein Karussell von Diebstählen, Verkäufen und wieder Diebstählen dreht und dreht sich. Wer sorgt hier für Einhalt?

Und nun, meine Herren, die brutalste Tat, die mir selbst den Atem raubte, als ich davon hörte.

6. Der Überfall auf die Sprinker Mühle bei Mückeln in der Nacht vom 23. auf den 24. August 1796.

Der Müller Johann Krones, seine Frau, sein achtjähriger Sohn Matthias sowie seine 23-jährige Tochter Anna Katharina wurden in jener Nacht des Schreckens von einem bis jetzt unbekannten Gesindel mit zahlreichen Messerstichen getötet. Der 18-jährige Sohn des Müllers, Gerhard, überlebte entstellt und schlimm zugerichtet dieses Massaker. Als der Friedensrichter des Kantons Manderscheid am Morgen des 24. August mit einigen Wundärzten auf der Mühle erschien, stießen die verehrten Kollegen auf ein grauenhaftes Blutbad. Ein unfassbarer Blutrausch muss die Täter gepackt haben, als sie die Familie Krones überfielen und dabei einen nach dem anderen regelrecht hinrichteten. Sie wüteten wie die schlimmsten Ungeheuer.

Nähere Einzelheiten zu diesem bestialischen Tathergang entnehmen Sie bitte den Berichten der Kollegen. An den umfangreichen Ermittlungen um die Geschehnisse in dieser Nacht beißt sich unser verantwortungsvoller Kollege Friedrich Adami aus Lutzerath gerade die Zähne aus."

Herr von Embden musste seine Feder wieder aus der Hand legen. Er blickte erneut auf sein Schreibgerät. Was war denn jetzt schon wieder? Auch diese Feder begann zu kratzen, die Spitze spaltete sich, riss auf bis fast zu ihrer Mitte. Aber nicht nur das zweite Schreibgerät begann den Dienst an seinem Mitteilungsdrang zu verweigern. Die rechte Hand des Freiherrn ließ sich kaum noch bewegen. Die Knöchel seiner Finger waren plötzlich voller Stichschmerzen. Solche Beschwerden beim Schreiben hatte der Justiziar noch nie gehabt.

„Bei dieser Übermacht ständiger Unsicherheit schlage ich zur Verbesserung unserer Sicherheit folgende Maßnahmen vor", schrieb von Embden tapfer gegen seinen Schmerz an:

Maßnahme 1: Reisende sollten bei Übernachtungen prinzipiell ihre Pässe vorlegen!

Maßnahme 2: Nachts sind in allen Städten und Ortschaften an den Außenposten die Wachen zu verdoppeln!

Maßnahme 3: In den Nächten zum Jahreswechsel seien auf den Straßen und Gassen zum Schutz zusätzliche Streifen einzuplanen ... ", murmelte von Emden halblaut vor sich hin.

Nun hielt er jäh inne. Kurz und kräftig biss er sich mit einem

Mal auf die Zähne, was immer dann geschah, wenn seine Anspannung wuchs. Von Embden hatte sich bis dato in seinem beruflichen Dasein mit nur wenigen Ängsten herumgeschlagen. Doch mit einem Mal verließ ihn der Mut, überhaupt noch weiterzuschreiben.

Waren seine Sicherheitsmaßnahmen, mit welchen er diesen Bericht nun zu enden gedachte, nicht schal und banal? Klangen sie nicht, als schicke er seine Kollegen, die hochgeschätzten Justiziare der anderen Kantone, gerade mit Kuchengabeln in den Kampf gegen diese Horde wild gewordener Kampfelefanten?

„Bevor ich meinen Bericht endgültig schließe, möchte ich mich noch zu einer letzten Bemerkung herablassen. Dem Räuber Schinderhannes vom Hunsrück eilt mittlerweile der Ruf voraus, er sei ein Engel mit Heiligenschein im Vergleich zu dieser unseligen Bande von der Mosel. Denn schauen wir auf die Berichte über dieses üble Gesindel, lassen uns Bilder zu blutigen Morden nicht mehr in Ruhe oder wir denken an die vielen Gehöfte, die Nacht für Nacht in Brand aufgehen.

Wir müssen endlich diesem Grobschmied aus Krinkhof, Hans Bast Nikolai, das Handwerk legen. Er ist nicht nur eine Ausnahmegestalt. Als Teufelsbeschwörer schwirrt sein Name auch noch über die Eifeldörfer und durch die Moseltäler. In seinem Dorf soll man ihn förmlich anbeten. Die Menschen glauben an ihn als Heilsbringer, schützen ihn und lügen für ihn. Deshalb gleitet er uns bis jetzt immer wieder durch die Finger. Und er ist der Mann, der diese schauerlichen Gesellen in seiner Schmiede offensichtlich regelmäßig beherbergt, als ihr Rädelsführer ihnen sagt, wo es lang geht."

Von Embden legte seine Feder endgültig zur Seite und atmete tief durch. Er fühlte sich plötzlich wie ausgebrannt. Und immer wieder dieser starke Schmerz, der erbarmungslos durch seine Finger zog. So eine schlimme Verkrampfung hatte er noch nie gehabt. Er bewegte vorsichtig den Daumen und den Zeigefinger seiner rechten Hand, versuchte das Brennen aus den Gliedern zu schütteln.

Es war schon länger dunkel geworden vor seinem Fenster, und er hatte es gar nicht bemerkt. Welche Stille gerade in seiner Amtsstube herrschte. Er blickte auf seinen Kamin. Nur noch ein paar abgebrannte Holzscheite loderten in diesem kümmerlich vor sich hin. Kaum ein Knistern war von ihnen zu hören.

Stattdessen übte sich von Embden in stillen Selbstgesprächen. „Wo ist denn eigentlich Christian, sein Amtsdiener? Wann ist es gewesen, als er das letzte Mal sein nervöses Hüsteln gehörte hatte? Wo ist sein Schleichschritt, mit dem er regelmäßig über den Korridor des Stockwerks schlurft?“

Zeit sich die Beine zu vertreten.

Der Justiziar erhob sich von seinem Schreibtisch, schob seinen Stuhl zur Seite und öffnete die Tür. Ein kühler Hauch zog durch seine Stube. Er marschierte den langen, dämmerigen Korridor des ersten Stocks entlang, durchschritt eine Zwischentür und eilte die breite, hölzerne Treppe hinab zum Hauptportal. Er blickte auf die mächtige Eichentür mit ihren breiten eisernen Querverstrebungen. Von Embden drückte die Klinke herunter. Die Tür heulte auf wie ein verletztes Tier, als sie sich bewegte. Die breiten Scharniere aus Eisen waren schon lange sehr rostig.

Als Fuhrwerk hatte man ihm vor Jahren einen Landauer mit geschlossenem Verdeck und vier Sitzen genehmigt. Selbstverständlich gehören die beiden Stadtlampen links und rechts seitlich an der Karosserie zur Equipage, um seine Wege in den Stunden der Dunkelheit auszuleuchten.

Doch in diesem Moment traute der Freiherr seinen Augen nicht. Seine Kutsche, die sonst mit unruhig tänzelnden Pferden und dem Kutscher um diese Zeit längst auf ihn wartete, um ihn von dieser Wildnis in das städtische Revier der Zivilisation zu bringen, war komplett unbemannt.

Sein Fuhrwerk bot jetzt einen geisterhaft einsamen Anblick. Die beiden gabelförmigen Stangen der Deichsel lagen achtlos auf dem Eis des Zugangswegs. Wer auch immer die beiden Pferde gestohlen hatte, der Räuber hatte gründlich zugelangt. Denn die ganze dazugehörige Ausstattung eines Gespanns wie Aufhalter, Deichselbrille, Schweifriemen, Schweifmetze, Kammdeckel sowie jene Stadtlampen hatte er gleichermaßen mitgehen lassen.

Von Embden warf einen Blick in das undurchdringliche Schwarz des frühen Abends, das vor ihm lag. Als er Minuten zuvor ohne Zögern die Treppe heruntergeeilt war, hatte er zunächst nicht darauf geachtet. Nun wurde es ihm jäh bewusst. Die anderen Amtsstuben waren alle verlassen. Wie konnte es sein, dass niemand ihm seinen Rückzug aus den Amtsstuben gemeldet hatte? Und wo – in Gottes Namen – war nur sein Diener Christian?

Er war allein. Für einen Moment hatte der Freiherr Mühe, einen klaren Gedanken zu fassen. „Und wie komme ich jetzt nach Hause?“, gellte seine Stimme verzweifelt, als erwartete er eine Antwort von dieser Finsternis, die ihm keine lange Sicht in die Landschaft erlaubte. Sollte er jetzt zu Fuß durch Wildschweinhorden und einen unbeleuchteten Wald stapfen?

Es war ihm noch nicht gelungen, seiner Verwunderung Herr zu werden, da machte er auf der Pforte des Amtshauses nur wenige Zentimeter vor seinen Füßen eine grausige Entdeckung.

Der dunkle Schweif eines Rosses formte als Buchstabe ein großzügiges „S“. Von Embden beugte sich nieder und erkannte: Das Haar war viel zu fein für den Schweif eines Pferdes. Es war ein Büschel Frauenhaare.

Was war das? In diesem Büschel von weichem Haar lag in der unteren Wölbung der Strähnen auch noch ein abgetrennter Zeigefinger. Dieser Finger zeigte tiefe Kerben und seine Größe verdeutlichte, er hatte einst einem Kind gehört. Die Richtung des Fingers zeigte nach oben. Wer hatte diesen Finger dort hingelegt?

In dem oberen Oval des als „S“ geformten Haarbüschels lag ein kleiner Daumen. „Wie ekelhaft“, dachte von Embden. Dieser Finger hatte ebenso tiefe Furchen und einen schmutzigen Nagel. Die Richtung dieses Daumens dagegen zeigte nach unten, als würde ein rachedurstiger Machthaber gerade über einen unbezähmbaren Leibeigenen das Todesurteil fällen.

Von Embden erhob sich aus seiner Hocke. „Soll dies eine Warnung sein?“, murmelte er halblaut vor sich hin.

Ein unbeschreibliches Grauen packte ihn, jagte ihm einen unerträglichen Schrecken durch Mark und Bein, lähmte all seine Glieder. Was mochte nur in ganz naher Zukunft vor ihm liegen, dass ihm so anders wurde? In diesem Moment war von Embden derart regungslos, dass ihn plötzlich sein geschulter Verstand im Stich ließ. Seine Gedanken waren davongeflogen wie ein Schwarm Vögel, aufgescheucht durch den unerwarteten Angriff eines Raubtieres.

So kam es dem Justiziar in diesem Augenblick keineswegs in den Sinn, dass nur wenige Augenblicke später ein großer Teil seiner Kleidungsstücke an den Ästen hoher Bäume pendeln könnte. Wie zerfetzte Fahnen nach einem hitzigen Kriegsgerangel sollten bald sein Rock, seine Weste und seine Beinkleider lichterloh brennen und dabei mit ihrem flackernden Schein den unwegsamen Waldweg erhellen. Ein Regen sprühender Funken würde dann auf einen Halbnackten herniederprasseln, der mit Stricken festgebunden an der Wurzel eines Baumes gleichzeitig tausend kleine Tode starb. Für diesen Leidenden waren dann die schlimmsten Momente seines Lebens angebrochen, der davon überzeugt war, sein letztes Stündlein habe geschlagen.

Doch in diesen wenigen Minuten zuvor ahnte der Amtmann Freiherr Julius von Embden nichts von diesem grausigen Schicksal, welches gerade dabei war, sich auf leisesten Sohlen anzuschleichen. Stattdessen warf der Unbedarfte einen letzten Blick in die mondlose Dunkelheit. „Was für ein schwarzes Loch unstillbarer Gefräßigkeit“, flüsterte seine Stimme in die Einsamkeit. Dann hörte er: ein Käuzchen schrie – irgendwo.

Zwiegespräch mit Thommermännchen

Thommermännchen, Thommermännchen
sucht dich heim mit seinem Hänselhäschen
stiehlt dir weg
den letzten Zaster
verwünscht dich
zum Wurm und dann zum Falter
einsam und armselig
fliegst du blinkenden Sternen entgegen
die dich dann verbrennen
mit ihrem Funkenregen

Heinrich Simonis, die Moselbande und Hans Bast Nikolai

Die Brüder Heinrich und Peter Ernst Simonis aus Kinderbeuren waren schon ein paar Spaßvögel vor dem Herrn. Stets brannten sie dafür, mit dem Wenigen, das sie in diesem Leben verdienten, noch aus dem Vollen zu schöpfen. Gern prahlten sie mit Besitztümern, die sie gar nicht besaßen, oder protzten mit der Stärke ihrer Körper, obwohl ihnen eigentlich die Muskeln fehlten. Hoch schlugen die Wellen vollmundiger Ankündigungen über ihre Heldentaten, wann immer sie mit ihrem Mundwerk über die Stränge schlugen.

So kannte man sie: Immer mit einem Scherz auf den Lippen, als hätten sie morgens schon ein wenig am Branntwein genippt, versuchten sie – volle Fahrt voraus – die Welt um sie herum von ihrer Heiterkeit zu überzeugen. Eigentlich hatten sie Schuster gelernt und verrichteten gelegentlich kleine Aushilfsarbeiten an Waren aller Art aus Leder. Doch oft torkelten sie mit runden Füßen schon morgens gern mal durch die Dörfer und erwarteten, dass sich die Heimischen auf ihre Krämerwaren stürzten. Schnüre, Garne und selbst genähte Lederbeutel baumelten über ihren Schultern. Doch die Menschen schüttelten ihre Köpfe, wenn sie die beiden schon von weitem sahen. Sie zogen die Riemen noch enger um die Handgelenke, an welchen sie ihr Vieh von der Weide nach Hause zerrten und sahen zu, dass sie in ihre Höfe kamen.

Doch es gab durchaus Momente und den Burschen Heinrich und Peter Ernst blieb das Lachen auch mal im Halse stecken. Besinnung machte sich dann in ihren Köpfen breit. Als Tagelöhner durchpflügten sie diese launige Welt, in der sie sich äußerst kärglich über Wasser hielten. Was blieb Leuten wie ihnen schon anderes übrig? Jeden Morgen bekreuzigten sie sich, damit der Herr in seiner Güte ihnen auch an diesem Tag das Überleben schenkte.

Heinrich, der Ältere, war es, der gelegentlich sinnierte, wann es eigentlich gewesen war, als ihre Familie von Armut getrieben mit einem Leiterwagen durch die Lande zog. Zwischen hohem Gras und wild wucherndem Löwenzahn landete sie nach einer Irrfahrt durch einsame Gegenden in diesem von der Welt vergessenen Kinderbeuren und schlug dort ihre Zelte auf.

Doch der 30-jährige Krieg und vor allem die Raubzüge von Ludwig XIV. hatten auch in diesem Dorf verteufelte Zerstörungen hinterlassen. Dennoch entschloss sich die Familie Simonis in dem Dorf zu bleiben, dessen Bewohner gerade selbst die übelsten Zeiten von Not und Armut überlebt hatten und dabei Stein für Stein aus blutigen Trümmern erneut übereinandersetzten.

„Unsere Familie hat es auch in Kinderbeuren kaum zu Wohlstand gebracht“, dachte Heinrich oft bitter. „Lediglich bescheidener Ackerbau ging aus der Mühe unserer Hände hervor. Warum ist es den Vätern nie richtig gelungen, ein stattliches Maß an Einkommen zu erwirtschaften?“, nagte es an ihm. So war auch Generationen später nie genügend Geld in der Familienkasse, so dass sie in der Lage gewesen wären, sich in die Gemeinde einzukaufen und das Bürgerrecht zu erwerben.

Und wie sehr hatte er es gehasst, der Almosenempfänger zu sein. Nach der Sonntagsmesse und dem Frühschoppen spürte Heinrich so oft einen kräftigen Schubs in seinem Rücken. Dem Amtsrentmeister des Ortes sollte er zu Leibe rücken. Denn der Dorfvorsteher war gerade angetrunken und nun galt es, die paar Momente seiner Spendierlaune auszunutzen, um ein paar Armenschulbücher zu erbetteln.

Jahre später trafen ihn die kräftigen Fußtritte vom Dorfflurschützen, wenn er und sein jüngerer Bruder Peter das Vieh dieses Despoten auf die Weide zu treiben hatten. Selbst nachts waren sie gezwungen, auf die störrischen Viecher aufzupassen. Dabei kannte der Wettergott keine Gnade mit ihnen, wenn Regenfälle auf sie herabprasselten und ihre fadenscheinige, abgetragene Kleidung durchtränkten. Mit wehem Schmerz hingen sie oft stundenlang mit gebückten Gliedern in den Hecken, die ihnen in die Beine stachen, und beobachteten in diesen dunklen Stunden den Mondenschein.

Als die Jungs alt genug waren, ließ Vater Johannes Simonis seine Söhne das Schusterhandwerk erlernen. Für eine eigene Werkstatt fehlte jedoch der Platz. Doch gelegentlich lenkte der Herrgott das Schicksal der Seinigen mit Nachsicht. In solchen Momenten ließ er sie jeden Tag neu durch die Lande streunen und kleine Handwerksaufträge ergattern. Bald nähten die beiden Brüder hier und da Riemen zusammen, reparierten Sattel und alle Arten von Beuteln aus Leder.

Die späten Tage des März 1796 waren angebrochen und die ersten stärkeren Sonnenstrahlen hatten einen langen und harten Winter endlich in die Flucht geschlagen. Die letzten hartnäckigen Eisschollen waren gerade aufgetaut, als es geschah und eine Begegnung das Leben der Brüder endgültig verändern sollte.

Heinrich und Peter Simonis hatten sich an jenem bedeutungsvollen Tag schon früh bei dem Gutsbesitzer Michel Kaufmann in Kinderbeuren eingefunden. Die Geschwister sollten das Zaumzeug des Gutsbesitzers reparieren. Auch drückte er den Burschen seine leicht verbeulten Stiefel zur Pflege in die Hände. Kaufmann kannte die beiden Brüder von Kindesbeinen an, hatte sie schon mehrfach in seinen Dienst gestellt, denn er war mit ihrem Handwerk nicht unzufrieden.

So fügte es sich, dass die beiden an diesem Tag wieder einmal auf Kaufmanns Hof hockten und auf einem noch frostharten Fußboden fleißig die Reitstiefel des Gutsbesitzers glatt hämmerten. Sie bestrichen das edle Schuhwerk gerade vorsichtig mit Hirschtalg, als ein Mann den Hof betrat, der beide sofort in ihrer Arbeit lähmte und ihre Aufmerksamkeit auf seinen Auftritt zog.

War das nicht der berüchtigte Hans Bast Nikolai, Heiler und Grobschmied aus Krinkhof? Natürlich war er das. Was für ein Mann: groß, stattlich, mit breiten Schultern, geraden Gliedern, wie aus Stahl gegossen, und einem Gesicht gleich einem geheimnisvollen Gesandten aus dem Morgenland. Hans Bast Nikolai hatte mit sicherem Schwung in seinem Gang den Hof des Gutsbesitzers Michel Kaufmann betreten und suchte unverzüglich das Gespräch mit ihm.

Vielleicht hatte Nikolai im ersten Moment nicht einmal bemerkt, wie ein Geschwisterpaar ihn gerade nicht mehr aus den Augen ließ und jede seiner Bewegungen verfolgte. Aus Manderscheid hatte der Hüne einen Ochsen mitgebracht und wandte sich direkt an Kaufmann. Es schien, als wählte er während des Gesprächs sehr sorgsam jedes Wort aus. Während einer kurzen Pause inmitten der Preisverhandlungen ließ Nikolai dann seinen Blick über den Hof schweifen. Unvermittelt stockte dieser bei den Brüdern, die wie in Stein gemeißelt auf dem harten Boden verharrten und mit unbewegten Mienen an seiner Gestalt hingen.

Nikolai bewegte sich auf sie zu. Traumfäden umwoben ihre umschatteten Gesichtszüge, während Nikolai kurz darauf von oben auf sie herabschaute. Er schenkte beiden ein warmes Lächeln. Sie rührten sich und kicherten. „Wenn ihr wollt, könnt ihr auch für mich arbeiten“, hörten sie seine Stimme und trauten ihren Ohren nicht.

Der Funke war übergesprungen und möglicherweise ahnten sie

in diesem Moment nicht, dass von nun an das Verhängnis ihres weiteren Lebens seinen Lauf nahm. Denn danach dauerte es nicht mehr lange, und das Geschwisterpaar gehörte wie fest eingeschweißt zur Gruppe der ständigen Gäste, die in der Krinkhofer Schmiede ein- und ausgingen. So rasch und nahtlos, wie sie in die Gruppe hineingeglitten waren und an allen möglichen Zechgelagen in der Schmiede teilnahmen, wurden sie genauso schnell zu Mittätern der Bandenstreiche. Außer kleinen Taschenmessern mit kurzen und rostigen Klingen hatten sie nie zuvor Waffen in ihren schon früh schrundigen Händen gehalten. Aber nun wurden ihnen Flinten und Pistolen gereicht, die sie schnell mühelos zu nutzen verstanden. Stolz und das Gefühl einer nie gekannten Allmacht übermannte die Brüder. Denn die Gewehre knallten laut und die Luft roch nach Schießpulver.

Der nächste Schritt war dann ebenso leicht und schleichend getan, ohne dass sie es bemerkten. Sie zogen mit auf die Streifzüge. Denn sie gehörten dazu, wurden ernst genommen von den anderen Gesellen. Wie hießen die gleich? Iltis-Jakob, Schnallen-Joseph, Johannes Bückler (Schinderhannes), Niklas Dahm, Niklas Schwarz, Johann Schiffmann (Tuchhannes) und Christian Hochscheid. Aber wer waren all diese Figuren ohne ihn, den eigentlichen Drahtzieher, der sie dazu brachte, sich stark zu fühlen?

„Der Himmel fährt durch alle meine Sinne und weitet sich zum endlosen, lichtblauen Horizont voller Verheißungen“, schwebte Heinrich Simonis im Rausch dieser Gesellschaft. Dabei interessierten ihn gar nicht die groben um ihn herum tobenden Kameraden. Die Bekanntschaft mit Hans Bast Nikolai war es, die Heinrich über alle Maßen faszinierte, den er auf den Sockel einer fast göttlichen Verehrung stellte. „Mon Capitaine“, ließ sich Nikolai immer von seiner Gefolgschaft nennen und wenn jene Gestalten diese Anrede schnell sprachen, klang es wie ein Monkkapitan, daraus wurde dann: Mon Capitan.

Heinrichs Ohren glühten, wenn Nikolai seine Zeit als kurtrierischer Grenadier in den strahlendsten Farben schilderte, wobei Nikolai es nie müde wurde, alle Träger von Uniformen seiner Eliteeinheit in Prunk und Protz glitzern zu lassen. Seine Heldentaten und die seiner Kameraden in vergangenen Schlachten und Verteidigungskämpfen stiegen auf wie Leuchtgranaten. In Nikolais Schilderungen gab es nur Kameraden, die treu waren bis in den Tod. Ihrer wurde gemeinsam gedacht, bis alle zu Tränen gerührt die letzten Fetzen aus den Hosentaschen zückten. Nebenbei und fast in einem Atemzug verunglimpfte Nikolai seine mehr oder weniger geschätzten Vorgesetzten, setzte insbesondere den adeligen Befehlshaber, den Grafen von Mercandin, lautem Gelächter aus. Stürmisch jubelnd vor Schadenfreude schlugen sich die Gesellen laut auf die Oberschenkel.

Auch bewunderte Heinrich, wie die Frauen mit verschleierten Blicken an Nikolai hingen. Mit seiner Frau Anna tauschte Nikolai nur stumme Blicke aus, und sie glitt nur so durch die Räume, eilend ihrem Ehemann bloß alle Wünsche zu erfüllen. Aus dem Kopf seiner ältesten Tochter Kathrin flatterten zuweilen gern bunte Flausen hervor, die er ihr jäh austrieb.

Seine jüngere Tochter Maria hatte er dagegen vor einiger Zeit für eine Weile nach Trier geschickt. Seine alte Freundin, die Buzliese, unterhielt dort ein Lokal namens Eulenpütz, und Maria war vor Monaten der Aufforderung ihres Vaters gefolgt, jener Buzliese in ihrer Gaststube zu helfen.

Heinrich fühlte sich im Vergleich zu seinen anderen Kumpanen mit einer stärkeren geistigen Wachheit ausgestattet. So entging es ihm nicht, wie Nikolai dieser Bande ungeordneter Trunkenbolde die räuberischen Streifzüge nahezu in die Adern trieb. Wortgewandt ließ er unauffällig seine Schilderungen in ihnen sacken, was es denn vielerorts in ruhigen Dörfern, versteckten Mühlen oder entlegenen Gutshöfen an Verlockendem zu holen gab. Nikolai selbst dagegen, hochgeachtet und geschätzt in Ortschaften und von tonangebenden Obrigkeiten, ging unterdessen seinem redlichen Schmiedehandwerk nach. Diese Horde abgewetzter Kittel und verschlissener Handwerksschürzen war wie Wachs in Nikolais Händen, und Heinrich fragte sich oft im Stillen, wie Nikolai das schaffte.

Doch was Heinrich am allermeisten an Hans Bast fesselte, war das geheimnisvolle Gewese um sein Bündnis mit dem Teufel, von welchem Heinrich hier und da schon einiges aufgeschnappt hatte. Dabei sagte man Nikolai nach, er sei wie ein Heiliger und damit magisch machtvoll genug, jenseits aller greifbaren Welten, flötende Engelszungen und brüllende Höllenhunde in Einklang zu bringen. Er soll in der Lage gewesen sein, Jubelhymnen auszulösen, bei welchen er himmlische Stimmen und Flüche aus dem Fegefeuer zur Verherrlichung miteinander zu vereinen verstand.

Nikolais Anwesen und das seiner Familie war einst eine Bestallung gewesen, in welcher sich in früheren Tagen Vieh und Mensch gemeinsam die Behausung geteilt hatten. Später wurde dieses Haus von seiner Schwiegermutter, Kati Cochems, noch um zwei Stockwerke erweitert. Ebenerdig beherbergte nun ein weiter Raum über einem gestampften Lehmboden einen mächtigen Holztisch aus schwerer Eiche. Reichlich Stühle standen Tag und Nacht davor. Einfache Holzpritschen boten Gästen aller Art an unverputzten Backsteinwänden ein nächtliches Ruhebett.

Es war eine jener Nächte Anfang Mai des Jahres 1796 gewesen. Wieder einmal hatten Schwaden von gerauchten Pfeifen im Gastraum von Nikolai, wie schon so oft, die Luft verdickt und verdunkelt. Branntwein war reichlich aus Krügen geflossen. Die Lippen der Konsorten brachten nur noch wirres Gestammel hervor und verwegene Pläne waren längst bis zur Unkenntlichkeit durchgekaut. Johann Schiffmann (der Tuchhannes) hatte sich mit lauter Stimme wieder einmal fürchterlich über den Müller Krones von der Sprinker Mühle ausgetobt, bis Nikolai sein Geschrei nicht mehr ertrug, den Rasenden kurzerhand schnappte und ihn durch die Tür in das nächste Schlammloch schleuderte.

Die Morgenstunden warfen allmählich ein erstes zartes Licht durch das Fenster auf dieses Gelage. Einige der Gestalten taumelten, kaum noch Herr ihrer Worte, auf die Pritschen an den Wänden.

Heinrich lag in der dunkelsten Ecke. Seine Kehle war ausgedörrt und seine Zunge klebte ihm am Gaumen. Bald drang eine wüste Schnarcherei durch seine Gehörgänge. Heinrich fühlte, wie sein Kopf zu platzen drohte: Was für eine lumpige Nacht! Am liebsten hätte er sein Messer gezückt und es seinen Kumpanen durch die Kehlen gezogen, damit er nichts mehr hören musste.

„Da, jetzt ist es wohl wieder soweit." Zwischen den tönenden Atemzügen der anderen versuchte Heinrich seine Ohren zu spitzen, bis ihn ein Knistern aus einer fernen Ecke verwirrte. „Klingt es nicht, als reibt Porzellan aneinander?", vermutete Heinrich. Da! Ein feines Klirren war hörbar. „Sind nicht zwei dünne Gläser aneinandergestoßen? Wusste ich es doch, es ist immer das Gleiche", dachte Heinrich. „Hans Bast zecht zwar mit den Kerlen, bis alle unter dem Tisch liegen, doch er versäuft niemals seinen eigenen Verstand."

Die zarten Geräusche drangen aus Nikolais Geheimkammer. Es war unter Androhung der härtesten Strafen verboten, diese zu betreten. Eines wurde ihm auf einmal klar, als er mit einer Hand über die raue Oberfläche einiger Backsteine an der Wand strich. An den räuberischen Streichen jener Flintenkameraden und ihrem gockelhaften Auftreten, wie balzende Auerhähne auf einem Hühnerhof, lag ihm im Grunde nichts.

„Jetzt braut er sich wieder seinen höllischen Spiritus zusammen. Die Rezepte des Leibhaftigen zwingen sich gerade in seinen willfährigen Dienst und die Luft schwängert sich mit den Schwingflügeln lauernder Dämonen", hetzte es durch Heinrichs Gedanken. Er atmete tief ein und wieder aus und spürte den heftigen Druck von zu viel gerauchtem Tabak in seinen Lungenflügeln. Er wusste genau, sein Wunsch war töricht, während der Rausch immer noch kräftig unter seiner Schädeldecke brauste. Dennoch, und dieser Wunsch durchdrang ihn in diesem Moment wie besessen. Er marterte ihn, so stark war der Drang nach Wirklichkeit. Von diesen Tropfen, welche Nikolai in das Leben von ahnungslosem Fleisch und Blut träufelte, damit Formen von Verstörungen und Begeisterungen betörte Geister bannten, von diesem Saft wünschte Heinrich ein winziges Pröbchen für sich.

„Was willst du hier? Verschwinde!"
„Mon Capitaine, entschuldigen Sie!"
„Hau ab! Raus hier! Sonst vergesse ich mich!"

Momente vorher hatte Heinrich sich unter knarrendem Protest von seiner steinharten Pritsche erhoben. Im Kamin glomm das Feuer nur noch schwach vor sich hin. Neben dem Kamin war eine Tür, völlig verwittert war ihr zerfurchtes Eichenholz. Ihre Bodenkante stieß auf eine erhöhte Schwelle und gesichert wurde sie durch einen breiten, eisernen Riegel mit einem massiven Schloss. Das war er, der Eingang zu jenem ruchlosen Kabinett der heimlichen Unglaublichkeiten. Nun war der Eingang zu einem Spalt geöffnet.

Heinrich versetzte sich selbst einen innerlichen Stoß und schlüpfte auf leisesten Sohlen in den schwachen Schein eines äußerst gedämpften Lichts. In eine unscheinbare Durchgangskammer hatte er sich hineingewagt. Durch zwei schwere Schlösser bewacht, führte der rechte Ausgang jener Kammer zu Nikolais offener Schmiedewerkstatt.

Nun stand Heinrich vor einer Regalwand. Ihr mächtiger Anblick beeindruckte ihn. Er entdeckte unzählbar viele Fayence-Gefäße, Fußbecher, Vierkantflaschen aller Farbschattierungen und Größenordnungen, befüllt mit allen möglichen Lösungen, Tinkturen, Essenzen und Ölen. Auf einem Holztresen prangte ein übergroßer

Infundierapparat. Daneben lagen lose ein paar Klistierspritzen. Ein Mörser und sein Klöppel waren gerade erst frisch benutzt. Heinrichs Augen brannten, bis ihm die Tränen liefen und sein Herz raste. Es musste ihm bald aus der Brust springen.

„Mon Capitaine, entschuldigen Sie. Ich weiß. Ich habe hier nichts zu suchen. Es ist verboten, diesen Raum zu betreten. Ich weiß. Doch ich bitte Sie, schenken Sie mir nur einen Moment lang Gehör, bitte nur einen Moment!"

Hans Bast Nikolai blickte unbewegt auf Heinrich. Zu faltigen Kräuseln gleich einer vertrocknenden Frucht waren seine vollen Lippen verzogen. Seine dunklen Augen, die immer wirkten, als würde Rauch sie umwabern, waren blutunterlaufen. Sie lagen tief in den Höhlen seiner hohen Wangenknochen. Was für ein seltener Anblick.

„Sie wissen auch, mon Capitan, die Zeiten sind schlecht. Schon in meiner Familie sollten eine Kuh, eine Ziege und ein paar Hühner unsere Ernte von ein paar kümmerlichen Weizenhalmen aufbessern. Und was soll ich Ihnen dazu sagen? Zu einer ganzen Herde wollten wir es bringen. Aber der liebe Herrgott war nicht auf unserer Seite. Es starb uns unter unseren Fingern weg, das Viehzeug, kaum, dass wir Melkeimer drunterstellten …

Bitte, können Sie nicht helfen? Haben Sie nicht etwas, um das Vieh zu stärken? Mon Capitan, ich kann dieses Leben hier nicht ewig weiterführen. Ich möchte einen eigenen Hof mit Ochsen, Kühen, Kälbern, Ziegen, reichlich Federvieh und mittendrin eine Werkstatt. Mein Bruder kann dann weiter Lederriemen zusammenzimmern. Ich wäre Ihnen so unendlich dankbar, wenn …"

„Hast du schon einmal von dem Thommermännchen gehört?"

„Thommermännchen?"

„Ja, du Dummkopf. Es ist ein Zwerg, der auf dem Gommersberg haust. Die Kuppe auf der Höhe wird Thommen genannt. Ein Gnom treibt dort sein Unwesen. Die Leute von Darscheid flüstern es hinter Schloss und Riegeln. Das Männchen sei der Hofmann von Steiningen selbst. Den kennst du doch?“

„Nein!“

„Es hätte mich auch gewundert. Ein Galgen hatte in früheren Zeiten auf Thommen gestanden. Hofmann von Steiningen war dort einst Schiedsrichter und ein angesehener Mann in dieser Gegend. Unrecht hatte er einmal bei einer Streitigkeit über die Wahrheit von Hab und Gut ausgeübt, und dann baumelte der Falsche am Strick. Pöbel hatte sich später für den Frevel seines falsches Urteils gerächt. Man raubte dem Schiedsrichter sein Vieh, verbrannte seine besten Milchkühe vor seinen Augen. Er musste ansehen, wie der Mob reihenweise seinem Federvieh die Hälse abhackte, seinen besten Pferden die Bäuche aufschlitzte. Und nun ist die Seele des Schiedsrichters ruhelos und übt ewige Rache. Auch heute noch treibt er sich in dieser Gegend um und verschreckt Menschen. Das sagt dir was?“

Mit offenem Mund blickte Heinrich auf Nikolai. Er schüttelte den Kopf.

„Ein Betrunkener, von dem bekannt war, dass er sich gern auf Kosten anderer bereicherte, hatte sich einst am Vortag eines Festes auf eine Wette eingelassen. Er hatte behauptet, nichts und niemand könnte ihm je etwas anhaben und ein Gnom auf der Thommener Höhe schon gar nicht. Deshalb war der Wettende eines Nachts nach Thommen heraufgeschlichen. Oben angekommen, sei dann doch ein irres Kichern und Flüstern um ihn herum gewesen. Auf den Waldboden hatte sich der Zitternde geworfen und durchsichtige Finger hätten dann nach seinen Gliedern gegriffen. Ein lautes Wispern muss grell in seinen Ohren gehallt haben. Schlotternd vor Angst hatte dann der Flüchtende auf dem Rückweg unentwegt seltsame Umklammerungen an seinen Waden gespürt. Um diesen Griffen zu entgehen, begann er durch den Wald zu hasten, so schnell seine Füße ihn tragen konnten, als ihm ein Hase den Schritt verstellte. Er wollte mit einem Satz über Meister Lampe steigen, als der ihm bei diesem Versuch plötzlich derart in die Ferse biss, dass er zu Boden stürzte und nur noch auf allen Vieren nach Hause kroch. Wimmernd und schluchzend fand seine Frau ihn vor der Tür. Wirre Worte quollen aus seinem Mundwerk, die kaum die Geschehnisse verstehen ließen. Danach war dieser Mann von seinem Bett nie mehr aufgestanden. Nichts davon gehört?"

„Nein!"

„Ein weiteres Mal fand ein Fuhrmann unweit von Thommen einen dicken Holzklotz auf seiner Strecke. Seine Pferde sollten diesen zum Verfeuern nach Hause ziehen. Doch der Klotz erschien mit einem Mal unerträglich schwer. Die Deichsel brach durch das Gewicht, die Pferde stürzten entkräftet. Auch diese Geschichte kennst du nicht?"

Heinrich hatte nicht alles verstanden und schwieg. Nikolai glitt mit einem Schritt hinter seinen Tresen. Er stemmte seine Arme darauf und ließ Heinrichs Gestalt nicht aus den Augen. Nikolai fuhr sich mit seinen sehnigen und starken Händen durchs Gesicht. „Also gut. Warum erzähle ich dir vom Thommermännchen? Es tritt auf den Plan, wenn dieses hier", Nikolai drehte sich um, griff ins hölzerne Regal und stellte ein winziges Gläschen mit einer Tinktur vor Heinrich auf den Tresen, „missbraucht wird. Haben wir uns verstanden? Das ist das Mittel, das du brauchst. Es stärkt Tiere, lässt sie wachsen, sich fruchtbar vermehren und hält Seuchen von ihnen ab. Aber es gibt eine Voraussetzung: Du musst gut damit umgehen. Es darf nicht verführen, Schlechtes zu tun und fleißige Leute ins Unrecht zu stürzen. Du sollst weder stehlen, noch betrügen oder lügen und ... vor allem, nie darüber reden. Noch einmal, hast du verstanden? Du darfst niemals darüber sprechen. Alles Weitere erkläre ich dir später. So, jetzt verschwinde! Den anderen sage ich, du bist längst unterwegs nach Hontheim, was für mich erledigen. Geh!"

Heinrichs wasserblaue Augen verengten sich. Sie glitten an Nikolai vorbei. Heinrich schwieg betroffen, wie er mehr nicht schweigen und betroffen sein konnte. Als hätte der Branntwein noch einmal seine Spätwirkung entfaltet, griff er wie betrunken zum Gläschen auf dem Tresen und steckte es in eine Seitentasche. In seinen Gedanken gedieh unverzüglich die Idee, er sei auserwählt. Nikolai zog ihn den anderen stumpfsinnigen, gottlosen Halunken vor. Heinrich begann zu schwitzen. „Das war der Auftakt mit der ersten Weihung“, fühlte er ergriffen. „Und es dauert nicht mehr lange und ich gehöre auch zum Kreis der weisesten Geheimnisträger.“ Die Worte von Nikolai ließen seine eigenen Pläne im Kopf wüst umherfliegen wie aufgescheuchte Vögel. Sie wirbelten umher und wurden schneller und schneller.

Wie klug er doch war. Nun war es ihm doch gelungen, für ein anderes Leben Weichen zu stellen. Und sein Bruder Peter Ernst? „Der hängt doch nur an meinem Rockzipfel. Von meinen schlauen Plänen wird er nie etwas erfahren. Bestenfalls als Laufbursche spanne ich ihn ein, lasse ihn dabei dumm sterben“, dachte Heinrich weiter. Wie eine warme Medizin spürte er deutlich den Fluss eines satten Gefühls stiller Selbstgerechtigkeit. „Das tut gut“, lächelte Heinrich vor sich hin, „tausend Mal besser als Branntwein.“

Leonhard Weber (der Lennes) aus Darscheid

Der Lennes, wie die Leute den Leonhard aus Darscheid liebevoll nannten, frohlockte. Das Schicksal hatte sein Leben endlich mit Wohlwollen gestreichelt. Nach einer Jugend mit wenig elterlicher Fürsorge gab es die ersten Glückssträhnen, und diese musste er mit beiden Händen festhalten. „Nur Mut und vorwärts“, stachelte er sich selbst an.

Soeben hatte er eine fette Kuh, eine stattliche Ziege und einen prachtvollen Hahn für etliche Louisdor auf dem Ulmener Markt verkauft und nun klimperten die Münzen in seinem Geldbeutel. Er blickte zu den Schleierwolken hoch am Himmel. Der Morgen war immer noch jung und frisch. Mit flinken Füßen trieb es ihn heim in sein Betzerhaus nach Darscheid.

Von Armut besaß das Dörfchen Darscheid reichlich viel in diesen Tagen, denn die Landwirtschaft hatte den Bauern des Dorfes in den letzten Jahren eher dürftige Ernten eingebracht. Aber dafür war Darscheid vor seinen bescheidenen Türen reich an Heidekraut und vor allem an Wäldern. In dichten, fast undurchdringlichen Kränzen umringte ein üppiger Baumbestand das entlegene Dorf. Auch gab es die beiden Bäche Alf- und Erlenbach, deren sprudelndes Wasser die Felder, Wiesen und Tannen in der nahen Umgebung mit ausreichend Feuchtigkeit versorgte, so dass Flora und Fauna leuchtend aufblühten. Die Darscheider waren stolz auf ihre Natur.

An einem dieser Tage voll des Lichts zog der Lennes mit einem festen Plan seines Weges. Er war zufrieden und gönnte sich, seine Worte laut tönen zu lassen. Mit einem Finger tippte er sich an die Brust und begann zu schwadronieren.

„Ich weiß", klang es über den Weg, „lange wird es nicht mehr dauern und ganz Darscheid wird zu mir aufschauen, weil ich es dann bin, der sich mal die Taschen füllt. Den Hut wird man vor mir ziehen. Respekt werde ich in den Augen der anderen sehen, wenn sie die Früchte meiner Arbeit anerkennen müssen. Ich, der armselige Lumpensammler, der Depp vom Dorf, zieht an diesem Halsabschneider Bauer Thönnes vorbei, scheffelt in Darscheid bald mehr Zaster als der alte Angeber, dieser tobende Tyrann von Thönnes. So wird es sein."

Na gut, das musste er sich eingestehen. Sein Freund Heinrich Simonis aus Kinderbeuren war es gewesen, der ihm kräftig unter die Arme gegriffen hatte. Ohne ihn und sein Wundermittel in Tropfenform hätte kein Glück der Welt derart deutlich an seiner Tür geklopft.

„Hör mal“, hatte der Schustergeselle ihn eines Tages von der Seite angerempelt, „kennst du keinen Bauern, dessen Kuh, kräftigste Ziege und fleißigste Legehenne du an dich bringen kannst? Nur eine Weile lang, leihst du dir die Viecher von ihm einfach mal aus, hm? Kennst du vielleicht einen, den du zu solch einer Leihgabe bringen kannst? Wenn du das schaffst, ziehen wir beide zusammen eine Herde an Viechern groß, verkaufen Fleisch, Milch und Felle in Hülle und Fülle. Wir werden reich, zusammen. Glotz mich nicht so an! Ich weiß ganz genau, wie es gehen kann. Vertrau mir! Lass mich nur machen! Beschaff mir zuerst, was ich gesagt habe. Los, mach mit und überlege, wen es in Darscheid gibt, der sich auf einen Handel mit dir einlässt!“

Die Zeichen der Zeit standen gut. Der Lennes überdachte schnell die Worte des Schusters. Ja, klar, nur er ist der Richtige. Der Bauer Tönnes und seine fetten Rinder und sein auch sonst gemästetes Viehzeug waren ihm schon lange ein Dorn im Auge und damit auch die Frage, wie er ihm seine feistesten Zuchttiere abluchsen könnte. Ha, ha, siehe da, geht doch. Eine Idee blitzte in seiner Gedankenwelt auf. Mit der Zeit wurde diese immer zudringlicher, begann ihm bald zuzusetzen wie eine Flamme, die niemand zu löschen vermochte. Schon blinkte eine gewisse Verschlagenheit in Lennes' Augen, als er das nächste Mal Heinrich erblickte. Ein leiser Hochmut regte sich in Lennes. Er zog die linke Braue hoch.

Der Bauer Johannes Thönnes aus Darscheid war beim Dauner Amtskellner Ludwig Bohlen in Ungnade gefallen. Den kurfürstlichen Bezirk Daun sollte er bei der Abgabe seines Zehnten mehrfach um die ordnungsgemäße Menge geprellt haben. Um dem Unliebsamen für seine unlauteren Absichten ein für alle Mal einen ordentlichen Denkzettel zu verpassen, hatte sich der Amtskellner Bohlen für die Darscheider eine besondere Schikane einfallen lassen. Er bannte die Darscheider und die Gemündner Mühle auf die Bohrbachsmühle in Daun. Dieser Mühlenbann stürzte fortan die Darscheider Bauern mit der tonangebenden Verwaltung in Daun in einen Dauerstreit, denn der Weg von Darscheid zur Bohrbachsmühle war weit und beschwerlich.

Doch der Bauer Thönnes besaß einen Sturkopf vor dem Herrn, und je öfter die scharfkantigen Schiefersteine des schmalen Pfades zur Bohrbachsmühle seine Sohlen durchschnitten und die spitzen Brombeerdornen am Rand des gleichen Weges ihm ins Gesicht schlugen, umso bockiger wurde er.

Bald zerrte er seine Karren beladen mit Korn zum Mahlen heimlich zur Darscheider Mühle. „Zeit ist Geld“, dachte der Regeluntreue dabei grimmig. „Und anstelle des elenden zusätzlichen Zeitaufwands habe ich schon längst mein Korn gemahlen und als Mehl an Hungrige verkauft“, knirschte er mit den Zähnen, während er unverdrossen seines verkürzten Weges zog.

Die Verletzung dieses Banns blieb aber nicht unbeobachtet. Neider hatte Thönnes genug, der im Dorf den größten Wohlstand zur Schau trug, und so wurde er schnell verraten.

„Den Seinen gibt‘s der Herr im Schlaf“, hatten die anderen im Dorf schon so oft hinter seinem Rücken geschimpft und waren mit sauertöpfischen Mienen und ausgetretenen Pantoffeln weiter über die Dorfstraße geschlurft.

„Das Glück belohnt natürlich diejenigen, die ackern, bis sie schwarz vor Arbeit umfallen“, hatte er sich oft gedacht. Deswegen waren seine Zuchtbullen gut und fett gemästet und seine Kühe brachten ordentlich Milch, während die anderen im Dorf gern mal um die Wette tranken und immer wieder Gelegenheiten verpassten, ihr erkranktes Viehzeug zu pflegen.

Doch für seine Eigenwilligkeit, den Mühlenbann zu missachten, musste Thönnes, ehe er sich versah, reichlich Lehrgeld bezahlen. Als Bohlen davon erfuhr, zögerte er nicht lange und pfändete kurzerhand sein Lieblingspferd. Thönnes zog seine breite Stirn in Krausen, als der Moment nahte, sich von seiner geliebten Emma zu verabschieden. Innerlich kochte er. Sein klopfendes Herz schlug ihm bis zum Hals. Ausgerechnet sein bester Zuggaul wurde mit schneller Hand aus dem Stall gezerrt und an der Trense davongeführt. In solchen Augenblicken stieg ihm leicht seine Stimme in die Kehle. Dann platzte sie aus ihm heraus, und er konnte brüllen, bis ihm die Seele aus dem Hals sprang. Doch er beherrschte sich. „Irgendeine missgünstige Seele aus der Nachbarschaft muss mich verpfiffen haben“, dachte er stattdessen bitter. Sein Kiefer verhärtete sich, ein Gefühl hilfloser Ohnmacht trieb ihm Tränen in die Augen, als plötzlich dieser grüne Naseweis, dieser Lennes vom Betzerhaus, an seinem Ärmel zupfte.

„Ja, ja Scheiden tut weh, stimmt‘s, das kenne ich auch. Das sind die Franzosen, die dahinterstehen, die brauchen doch ständig Pferde für ihre plündernden Garnisonen. Du weißt doch ganz genau, der Bohlen macht gar nichts. Bei jedem Federstrich, den er auf Papier bringt, schielen ihm die Franzmänner über die Schultern, passen genau auf, welche Worte seine Tinte ausspuckt. Die wollen natürlich von allem den größten Anteil an der Beute. Und Bohlen ist nichts anderes als eine Marionette, ein Stiefelknecht dieser Sansculotten.“

Thönnes blickte auf den Jungen. Eigentlich hatte er den Lennes immer gemocht mit seinen rosigen Backen, wie ein Nikolaus frisch aus dem Schnee, mit weichen Babylocken um sein breites, rundes Kindergesicht, die schon begannen, seine breite Stirn immer weiter freizugeben. Nun erkannte Thönnes in dem klaren und hellen Grün seiner Augen, von der geschwungenen Form einer Fledermausgaube, ein ausgesprochen schadenfrohes Blinken.

„Du sollst deine Emma bestimmt auslösen. Etliche Fässer Hafer und zusätzlich mehr als zehn Sümmer Korn musst du abliefern. Dann darfst du dir deinen Gaul wieder abholen. Ach, ja, auf deine Wiesen sind sie auch noch scharf. Diese sollst du ihnen fast umsonst verpachten, ist das richtig? Aber ich kann dir helfen. Ein Freund von mir steht sich gut mit den Franzosen. Ich kann als Fürsprecher für dich eintreten. Dann steht die Emma bald wieder in deinem Stall. Aber vorher musst du auch was für mich tun!“

Thönnes traute seinen Ohren nicht. Hörte er richtig? Hatte er diesen Wicht etwa um Hilfe gerufen? Und jetzt wagte der sich sogar auf das Glatteis eines Kuhhandels. Der Ärger kroch Thönnes erneut unter die Schädeldecke, machte sich kurz vor einem Ausbruch breit wie eine unheilvolle Wolke.

„Deine Freunde habe ich gesehen!“, begann er zu toben. „Das sind nichts anderes als Räuber und Verbrecher, die ihrem Schutzheiligen, dem Hans Bast Nikolai, hörig sind und regelmäßig in seiner Behausung widerwärtige Streiche aushecken. Er nennt sich Grobschmied, ereifert sich aber vielerorts auch noch als Wunderheiler. Als ein Quacksalber vor dem Herrn streicht er überall mit haarsträubenden Heilkräutern durch die Häuser der von Gott Verlassenen und Armseligsten. Bei den Kurtrierern hat man ihn vor Jahren rausgeschmissen, weil er sich nicht beherrschen konnte und der Frau eines adeligen Vorgesetzten Gewalt antat. Und heute gibt dieser Heuchler an, dieser Horde Ungehobelter ein Dach zu bieten, damit sie sich in diesen harten Zeiten läutern können. Wer’s glaubt, wird selig. Der stiftet euch doch nur an zu Lug und Trug, und ihr Dummen merkt es nicht. Und jetzt leckst auch du noch diesem Helden räuberischer Umtriebigkeit ohne Wenn und Aber den Speichel. Und seiner räudigen Gefolgschaft hinkst du hinterher, machst dich zum Werkzeug von deren Verbrechen. Du solltest dich schämen!“

„Pass auf, was du sagst! Diese Horde Räuber, wie du sie nennst, kann ich dir einmal ganz munter auf den Hals jagen. Nachts schlagen sie dir die Türen ein und fackeln deine Bude und deine Ställe ab. Und du weißt ganz genau, dass du gar nicht viel dagegen tun kannst, weil unsere Gendarmerie nur hilflos herumzappelt. Aber ich kenne ganz genau deine Absichten. Felder, Kühe, Ziegen und weiteres Viehzeug hast du ja schon reichlich. Als nächstes möchtest du die Wasserrechte für den Alfbach. Dann kannst du vielleicht deine eigene Mühle bauen, und der Bohlen lässt dich endlich in Ruhe. Einen Haufen Silber hast du heimlich unter deinem Haus vergraben, um dich bei Gelegenheit als Mühlenbetreiber einzukaufen. Na, wenn das unsere ewig geldgierigen Fahnenträger der Tricolore wüssten. Mit einer ganzen berittenen Kompanie treten sie dir sofort die Türe ein, stellen dein Haus auf den Kopf und stehlen wie die Raben. Aber ich, ich ... kann dir helfen."

Der Lennes aus dem Betzerhaus reckte seinen Zeigefinger kurz in die Höhe, bevor er sich mit diesem an die Brust tippte. Am liebsten hätte Thönnes den Finger geschnappt und mit einem Ruck umgeknickt. Doch er riss sich zusammen. Er hatte an diesem Morgen noch nicht gefrühstückt und nun lagen ihm die soeben gehörten Worte schwer wie Blei im leeren Magen. Woher kannte dieser Lumpenklatscher, der sich gerade vor seinen Augen aufblähte wie eine fette Kröte, sein stets streng gehütetes Geheimnis? Denn genauso hatte er sich seine nahe Zukunft vorgestellt, und nun drohte dieses nichtsnutzige Kerlchen, ihn an dieses räuberische Gesindel zu verraten. Das galt es auf jeden Fall zu verhindern.

„Das habe ich nun davon", quälte ihn kurz darauf eine innere Stimme. „Von Rotz und Dreck habe ich diesen Wurm hier befreit, als der Tod sich seiner Eltern vor vielen Jahren erbarmte und sie von ihrem kümmerlichen Dasein befreite. Sein Vater hatte getrunken, als er sich eines Tages in einer Scheune kopfüber von der Leiter warf und seine Mutter war kurz darauf vor Schreck in eine herumliegende Mistgabel gestürzt, hatte sich selbst aufgespießt.

Als Waise habe ich dieses einsam vor sich hin siechende Häufchen Schmutz vor vielen Jahren in einer Dachkammer im Betzerhaus untergebracht. Die Mohn Susanne hat sich seiner angenommen und ihm Essen gebracht. Später war ich es gewesen, der dem Dorfpfarrer gut zuredete, diesem Jungen, der lange außer Gestotter keine einzige Silbe herausbrachte, ein wenig Lesen und Schreiben beizubringen. Einen Beruf hatte der stets etwas begriffsstutzige Bursche nie lernen wollen. Im Pasch hat man ihm aus

Mitleid ein paar Bienenkörbe hingestellt. Die anderen im Dorf haben ihm dann noch geholfen, im Herbst die schwersten Völker abzuschwefeln, die geschnittenen Waben durch ein Tuch zu pressen, damit der Junge Honig voller Saft und Kraft ernten konnte. Mit Holzasche und Lumpen ist er in den letzten Jahren durch die Lande gezogen, immer auf der Suche nach Almosen. Und nun diese Töne, diese Worte. Wo hatte er das nur her?"

„Hör zu", klang es weiter aus Lennes' Mund. „Ich schweige wie ein Grab. Dein Silber dort drunten in der dunklen Erde, das kannst du für dich behalten, für deine Mühle und deine Wasserrechte. Das interessiert mich gar nicht. Ich kann meinen Freunden von der Krinkhofer Schmiede sogar sagen, sie sollen dich verschonen, dich sogar beschützen vor den Franzmännern. Dafür will ich im Gegenzug zwei Ochsen, zwei Milchkühe, zwei Ziegen und vier von deinen fleißigsten Legehennen. Ich möchte sie nur leihen, zwei Jahre lang, und danach erhältst du dein ganzes Viehzeug wieder, einverstanden?"

Lennes hatte an diesem Morgen das Dörfchen Schönbach gerade mit raschen Schritten durchwandert. Der Weg in Richtung Darscheid folgte einem Anstieg und mündete dann in die Furche zweier Hügel. Lennes hatte kein Auge für die grünen Höhen um ihn herum, die mit ihren Windungen und dichten Bewachsungen aufmerksame Beobachter an die langgestreckten Rücken von Reptilien im Tiefschlaf erinnert hätten.

Wie misslaunig Thönnes doch war, als er ein paar Tage später seine besten Tiere auf eine Weide hinter das Betzerhaus trieb. Und seine Stirn. Die war wieder voller tiefer Falten.

„Pass gut auf sie auf und achte auch darauf, dass sie dir nicht davonlaufen", hatte Thönnes ihm noch im Umgang mit seinen Tieren geraten, als er die Wiese hinter dem Betzerhaus wieder verlassen hatte. „Das tun sie gern. Sie sind sehr lebhaft und mögen eigentlich keine Gefangenschaft. In zwei Jahren will ich alle meine Tiere wiederhaben, verstanden!"

Lennes ließ an jenem Morgen noch einmal mit tiefer Freude diese letzten Worte des Bauern Thönnes in seinem Gedächtnis aufleben, als er mit verlängerten Schritten und hoch schaukelnden Armen hinter dem Dorf Darscheid bald die Kuppe Thommen erreichte. Noch während seines Eilschrittes rupfte er einen Halm vom Feldrand, schob sich diesen in den Mund und lächelte verschlagen vor sich hin. Ein kurzer Schnaufer zog durch seine Nase.

„Im Grunde habe ich nie vorgehabt, dem alten Thönnes seine Tiere jemals wiederzugeben", murmelte er kaum hörbar durch die frühe Morgenluft. „Einen seiner beiden Ochsen, eine Kuh und eine der beiden Ziegen habe ich gerade in Ulmen so richtig zu klingender Münze gemacht. Und die anderen Viecher werden wir mit dem Kraftstoff von Heinrich zu guten Zucht- und Fleischpaketen aufpeppen. Eines Tages werde ich einfach behaupten: Es sind meine. Denn sie sind bald nach dem Genuss dieses Zauberfutters gar nicht mehr wiederzuerkennen. Eines darf ich nicht vergessen. Der erste Streich mit dem Thönnes hat doch gut geklappt. Der zittert doch um sein heimliches Silber in dem feuchten Verlies, links neben seinem Saustall. Um dieses fürchtet er doch mehr als um sein Leben. Bei dem ist doch bestimmt noch mehr zu holen", frohlockte Lennes weiter vor sich hin. Dann dauert es nicht mehr lange und das Haus, in dem ich wohne, ist viel größer als das seine, oder ach, ja, diese Idee ist noch besser: Ich vertreibe ihn und wohne gleich in seinem, ha, ha."

Lennes Weg führte ihn kurz vor der Thommener Höhe geradeaus, über eine saftige Wiese und er blickte auf die mächtige Front eines schattenhaft dunklen Laub- und Nadelwaldes, in welchen sein Pfad nun bald eintauchen sollte. Er ließ die Münzen noch einmal in seinem Beutel klingeln, als durch das hohe Gras zwischen Löwenzahn, Klatschmohn, Schlüssel- und Butterblumen ein Hase mit kurzen Sprüngen seinen Weg kreuzte. Bis zu einer Reihe hoher Tannen waren es nur noch ein paar Meter. Lennes traute seinen

Augen und Ohren nicht. Meister Lampe verstellte ihm plötzlich den Weg.

„Was ist denn das?"

Durch sein Näschen begann das Tier zu fauchen wie eine streunende Wildkatze. Mit einem Fell, zitternd wie von Kanonenkugeln getroffen, und entblößten Zähnen, lang und schmal wie Dornenspitzen, fletschte es drohend, machte Anstalten, unverzüglich zu beißen.

„Sind wir nun ein Kampfhase?", amüsierte sich Lennes noch laut über die Drohgebärde des Feldbewohners. Doch im nächsten Moment hatte Lennes keine Zeit mehr für ein Entsetzen. Der Hase duckte sich. Dann legte er seine Löffel an, und nur eine Sekunde später setzte er zu einem weiten Sprung an. Hoch flog sein Körper durch die Luft, auf Lennes zu und ihm mitten ins Gesicht.

Die Mohn Susanne und der Lennes aus Darscheid

Die Mohn Susanne verdingte sich in Darscheid als Handarbeitslehrerin. Die Mädchen in der Schule und die Frauen im Dorf mochten die kleine, zarte Frau. Liebevoll glitten ihre Blicke über Susannes Gestalt. Man nannte sie still unsere *Handvoll Mensch*, wann immer gemeinsam mit ihr gewerkelt wurde. Die Nachbarn im Dorf erlagen gern der Vorstellung, ein zartes, launiges Lüftchen reiche aus, die Susanne hochzuheben, um sie für immer hinter die Welt der launischen Winde zu entführen. Nun sind zierliche Menschen oft zähe Biester. Mit Beharrlichkeit, Ausdauer und redlichem Fleiß erreichen sie viel, statten ihr Dasein mit dem Platz, Gehör und der Achtung aus, die sie brauchen. So überließ das Dorf Susanne ein lebenslanges Wohnrecht im Betzerhaus und ließ sie auch darüber bestimmen, wer außer ihr dort noch wohnen durfte und wer nicht. Wohlwollend nahm man in früheren Tagen zur Kenntnis, wie Susanne dem verwahrlosten Knirps Lennes ein neues

Zuhause schuf, ihm Haferbrei kochte und auch seine Kammer und Wäsche richtete.

Es war früher Nachmittag im Hochsommer des Jahres 1796, als Susanne in ihrem Ofen das Feuer gerade frisch entfachte, um langsam das Essen für den Abend vorzubereiten. Doch an diesem Tag brachen unerwartet Momente in ihr Leben, die sie an allem, was ihren Glauben an die Menschheit und den Herrgott bis dahin zusammengehalten hatte, bis ins Mark erschüttern ließen.

Lennes kehrte von seinem Ausflug aus Ulmen zurück. Er wankte dem Betzerhaus entgegen und schrie dabei wie am Spieß. Unter lautem Gebrüll warf er sich quer über den steinigen Eingang. Als Susanne die Tür öffnete, lag er quer ausgestreckt über den drei Stufen, die hinauf in das Haus führten. Unverständliches stammelte sein Mund. Schleim und Blut quollen hinterher. Seine Kleidung hing in Fetzen an ihm herunter. Susanne wollte Lennes aufhelfen, ihn durch die Tür ins Haus schleppen, doch sein Gewicht war so übermächtig, dass sie ihre Kraft verlor. Nur noch ein schwacher Seufzer glitt durch ihre Lippen, bevor sie unter der Last dieses sonst schmächtigen Kerlchens zusammenbrach. Susanne stürzte die Stufen hinab und verlor das Bewusstsein. Als sie wieder erwachte, vernahm sie ein irres Wimmern aus Lennes Kammer. Vorsichtig öffnete sie die Tür und blickte durch einen Spalt. Sofort rasten verrückte Worte aus dem Jungen heraus, kaum dass er Susanne erkannte.

„Das Thommermännchen hat mich auf der Kuppe gebissen. Als Hase hat es mich angefallen, mich zu Boden gepresst. Einen dicken Tropfen Speichel hat das böse Tier zwischen seinen langen Zähnen, spitz wie Speere, in meinen Mund gespuckt. Kaum hatte ich geschluckt, bin ich auf die Spitze der höchsten Tanne geflogen. Ich wollte in luftiger Höhe einmal tief Luft holen und hinunterklettern. Da saß plötzlich auf dem gleichen Ast ein hässlicher Gnom an meiner Seite. Dann hatte der widerwärtige Zwerg seinen Arm um mich gelegt.

„Du stiehlst", hat er mir ins Ohr geflüstert. „Du lügst, betrügst und erpresst. Du tust Unrecht. Reich willst du werden und dafür einen anderen bestehlen. Das machst du nicht im Land des Thommermännchens. Nie werden deine Wunden heilen, verarmt und verdorrt im Geist, wird dein Dasein bald seinen letzten Atemzug tun. Du hast jetzt noch eine Sekunde Zeit, dich zu entschuldigen!"

Nach diesen Worten begann Lennes erneut zu schreien, als hätte sein letztes Stündlein geschlagen. Seine Augen waren verdreht.

„Das Thommermännchen hat neben mir gesessen. Seine schrecklich faltigen Finger habe ich auf meiner Schulter gefühlt, dann die Höhlen seiner Augen gesehen, denn es hatte keine. Mit einem Ruck hat es meinen Kittel zerrissen, mich auch noch vom Ast gestoßen. Dort lag ich auf dem Boden mit zerschlagenen Knochen!"

Die Mohn Susanne verlor im Laufen ihre Pantoffeln, so schnell eilte sie aus der Kammer und holte Hilfe. Man band Lennes bald ans Bett, denn er hatte keinen Verstand mehr. Er strampelte und schrie. Nahrung nahm er keine mehr auf.

Von diesem Moment an waren alle Versuche, das Leben von Lennes zu retten, vergeblich. Alle Suppen und Stücke von Brot spie er gegen die Wände. Danach dauerte es nicht mehr lange, bis er sich gar nicht mehr rührte und nur mit offenen Augen unbewegt gegen die Decke starrte.

Bauer Thönnes hörte die Stimmen, die mit gekräuselten Lippen über dieses unerklärliche Übel sprachen. Das arme Betzerhaus hatte ein besonders übler Dämon heimgesucht, so hieß es, und so geschah es eines Abends, was geschehen musste.

Es dämmerte bereits, als Thönnes nur wenige Tage nach diesem Geschehnis dem Betzerhaus mit leisen Füßen einen Besuch abstattete. Er stahl sich an der Tür vorbei, schlich zur Weide hinter das Haus und schaute sich noch einmal vorsichtig um. Danach beeilte er sich, seine Tiere am Halfter zu ergreifen und sie so schnell wie möglich auf die eigene Weide zu treiben.

Thommermännchen, Thommermännchen
flößt dir ein sein Sauerpflänzchen
bald lacht es schaurig
an deinem
Totenkränzchen

Heinrich Simonis schwieg besorgt, als er von diesem Vorfall hörte. Ein kleines bisschen hatte er von seiner Lotion in einen Fingerhut abgefüllt und Lennes zögerlich das winzige Behältnis ausgehändigt. Er wollte den Burschen auf diese Weise davon überzeugen, dass es den Zaubertrunk tatsächlich gab. Es galt jedoch die strenge Abmachung, nicht einmal daran zu denken, es anzurühren. „Ob dieser schmalbrüstige Tor trotz seines Versprechens, sich an diese Vereinbarung zu halten, doch davon genascht hatte? Na, gut", dachte Heinrich weiter. „Wie auch immer, der Lennes war trotz seiner schwungvollen Versprechen, wie toll er alles meistern wird, doch nicht der Richtige. Neues Spiel, neues Glück. Dann muss ich mir halt einen anderen suchen oder ich mache es selbst", zuckte Heinrich Simonis mit den Schultern, ohne danach jemals über dieses Misslingen ein Wort zu verlieren.

Doch viele Versuche für ein neues Leben hatten die Gebrüder Simonis nicht mehr. Nach einer weiteren stattlichen Anzahl von Diebstählen und Erpressungen überfielen die beiden Brüder mit fünf weiteren Kumpanen der Krinkhofer Schmiede am 13. März 1798 die Lieger Mühle des Müllers Hornig bei Lieg und zündeten diese auch noch an. Damit waren sie eindeutig an Brandstiftung und Mordversuchen beteiligt und hatten es als Mitläufer bei den räuberischen Streifzügen kräftig übertrieben. Anfang 1799 erstarkte auch mit Hilfe der französischen Besatzer Schritt für Schritt die Gendarmerie. Ende August 1799 wurde der größte der Teil der Bande von der Krinkhofer Schmiede dingfest gemacht, verhaftet und in Ketten gelegt.

Am 10. September 1799 hörte Heinrich Simonis vom Kriminalgerichtshof in Coblenz sein Todesurteil, und zwei Monate später wurde er zusammen mit Johann Jakob Krämer (Iltis-Jakob), Niklas Dahm, Johann Enk und Niklas Schwarz der Reihe nach die Bretterstufen des Blutgerüsts hinaufgestoßen. Eine unüberschaubare Menge an Schaulustigen hatte zuvor unter Jubelgeschrei verfolgt, wie ein Schinderkarren die Todgeweihten in Ketten und in roten Schandhemden gekleidet zum Richtplatz rollte. Die Gendarmerie eskortierte die Bande, damit sie nicht im letzten Moment noch auf die Idee kam, gewaltsam auszubüchsen.

„Was für ein elender Haufen", murmelten viele Zuschauer während dieses Spektakels missmutig vor sich hin. „Und das sollen die berühmten Räuber und Mordbrenner sein? Angesichts des Todes heulen die sich ja die Seele aus dem Leib. Es gibt keine Helden heute."

Heinrichs Bruder, Peter Ernst Simonis, hingegen kam mit dem Leben davon. Er wurde zu einer vierzehnjährigen Kettenstrafe und auf eine Galeere zu einem unfreiwilligen Seefahrer verdammt. Die Menschen aus Kinderbeuren haben nie wieder etwas von ihm gehört.

Thommermännchen, Thommermännchen
will dich nur mit seinem Zaubertrunk
ins Reich der ewig Verlorenen entführ'n

Und heute: Was ist geblieben von der Mär des Thommermännchens, welches einst für die Verteidigung von Recht und Ordnung, gegen Lug, Betrug und heimlichen Diebstahl Angst und Schrecken verbreitete?

Nun, seit 1974 steht auf dem weiten Gelände mit dem Namen Thommener Höhe eine Klinik für Suchtkranke. Diese soll Abhängigen von Spielzwängen, Drogen und Alkohol wieder zu einem Leben redlicher Befähigung verhelfen.

Vor Jahren wurde eine seltsame Begebenheit in einem Protokoll skizzenhaft festgehalten.

Karl Kellergeist, noch einigermaßen jung an Jahren, war von seinem Chef, einem Abteilungsleiter einer Versicherungsgesellschaft für Schadensbegrenzungen, zu einem Klinikaufenthalt gezwungen worden. Seine überzogene Feierfreudigkeit sollte er in den Griff bekommen. Auch sollte er seine Haltung, sein Leben mit häufigen Trinkgelagen zu verbringen, deutlich überdenken.

Karl stand gerade in einer Therapiepause vor der Tür des Haupteingangs und gönnte sich eine Zigarette. „Lügen und Bestehlen zur Befriedigung der Sucht" war gerade das Thema seines Gesprächskreises, als Karl seine Zigarette vor sich auf den Boden warf. Kurz erinnerte er sich daran, als er in den heißesten Phasen seiner Beschaffungsnot keine Skrupel gekannt und die Geldbörsen seiner jüngeren Geschwister geplündert hatte, um genug Bares für Alkohol zu haben. Seine Schwester arbeitete als Kinderpflegerin im Schichtdienst auf einer Intensivstation, und sein Bruder hatte soeben eine Lehre als Automechaniker begonnen.

„Die verschwundene Kohle haben die längst überwunden", sprach er sich selbst verminderte Schuld zu. „Manchmal reden die auch viel Blödsinn in den Gruppenstunden. Bald ist der ganze Zauber hier vorbei, und ich kann endlich wieder machen, was ich will. In diesen Knast hier steckt mich so schnell keiner wieder!"

Karl machte Anstalten, sich umzudrehen, um zu seiner Gruppe zurückzukehren, als plötzlich ein Hase über die weite Wiese lief, die sich vor den Türen der Klinik bis zu einem Mischwald erstreckte. Ein paar Meter vor seinen Füßen duckte sich das Tier auf halber Höhe in das Gras, legte seine Ohren an, fletsche seine Zähne und gab Laute von sich. Wie ein Gewittergrollen klang es aus der tiefen Mitte seines Leibes.

„Was gibt das, wenn es fertig wird? Bist du als Jaguar dem nächsten Zoo entlaufen und hier auf freier Wildbahn zum Hasen mutiert, damit du überleben kannst?", murmelte Karl belustigt vor sich hin.

„Gestehe, du hast gelogen und gestohlen, um dich betrinken zu können!", klang durch die langen und scharfen Hasenzähne.

„Oje, der Alkohol hat doch schlimmere Spuren hinterlassen, als ich dachte", ahnte Karl, „was ist das denn jetzt für eine merkwürdige Aufführung? Ist das ein Spezialeffekt, eingefädelt von einigen der Therapeuten? Sehr gelungen. Ich werde doch zumindest eine Zeit lang mal die Finger von dem Stoff lassen", entschied er.

Karl drehte sich um, eilte den Kiesweg zurück zur Eingangstür und versuchte diese, mit einem Griff aufzuziehen. Doch die Tür erwies sich als so bleischwer, dass es ihm nicht gelang, sie selbst mit der ganzen Kraft seines Körpers zu öffnen. „Seltsam, wie kann das denn jetzt sein? Vorhin habe ich die Tür doch noch ganz normal geöffnet, bin rein- und rausspaziert", grummelte Karl vor sich hin und klopfte so lange laut an die Scheibe, bis jemand erschien und ihn einließ.

„Herr Kellergeist, so geht das aber nicht! Sie sollen lernen, wieder selbstständig ihr Leben zu gestalten. Wir stehen hier nicht wie ein Portier in einem Hotel als dienender Geist für Sie Spalier, um Ihnen die Tür aufzuhalten", raunzte ihn die Empfangsdame der Klinik an.

Karl wusste keine Antwort darauf und schaute sie an wie ein frisch geprügelter Hund. Noch einmal drehte er sich um. Der Hase war verschwunden. Stattdessen blickte er nur auf ein weites Feld von Gras und Silberdisteln.

Seine Gruppenstunde war beendet, und kurz vor der Mittagspause nach einem Besuch in seinem Zimmer entdeckte er, dass seine Geldbörse aus der Schublade seiner Kommode verschwunden war.

„So ein Mist", fluchte er halblaut vor sich hin, „weg ist mein Bargeld und auch meine EC- und Kreditkarte." Erst kürzlich hatte er sich an seinen jüngeren Geschwistern vorbei eine kleine Erbschaft erschwindelt. „Tsst", schnalzte Karl kurz mit seiner Zunge.

„Mit meinen Karten ohne Pin- und Geheimnummern kann der Finder doch eigentlich nichts anfangen", mutmaßte er.

Doch damit hatte Karl sich kräftig in den Finger geritzt. Ein Teammitglied einer berüchtigten Bande von Hackern war durch die Räumlichkeiten der Klinik geschlichen, und Karls Zimmer war nicht verschlossen gewesen. Mit nur einem Griff hatte sich der Dieb auf der Suche nach entsprechender Beute Karls Portemonnaie mitsamt seinen Bankkarten aus der Schublade geschnappt und die Klinik anschließend unauffällig durch einen Seitenausgang verlassen.

Noch während Karl mit anderen Patienten am Mittagstisch genüsslich seine Suppe schlürfte und wieder einmal mit vollem Munde einen seiner Vorträge hielt, was er nach seinem Klinikaufenthalt alles Aufregendes anzustellen gedachte, geschah etwas, was ihm in diesem Moment niemals in den Sinn kam. Seine Bankkonten wurden gerade bis auf den letzten Heller geplündert. Noch am gleichen Abend standen ihre Salden komplett auf Null.

Thommermännchen, Thommermännchen
mag so gar nicht deine Lügenmärchen
statt Reichtum dir heimlich zu gestatten
klaut es dir das letzte Hemd
die Armut dich bald in ihren Klauen hält

Thommermännchen, Thommermännchen
bestraft dich hart
denn dein Gewissen ist alles andere
als zart

Der Rachebaum

In früheren Zeiten galten Bäume lediglich als der stumme, verholzte Pflanzenwuchs des Waldes, als Herbergen für allerlei Finsteres und Unheimliches. Mochten dort Tier und Mensch gleichermaßen im Schatten von dichtem Laub ihr wenig überschaubares Unwesen treiben. Dabei war der Wald schon immer ein Ort der Ängste und Flüche, aber auch Zufluchtsort gewesen. So war man in ihn hinein aber auch aus ihm heraus geflüchtet. Doch die eigentliche Aufgabe des Baumes war über Jahrhunderte hinweg, dem Menschen mit seinem Stamm und Mark lediglich von Nutzen zu sein.

Heute ist man schlauer. Mit einer sensibleren Sichtweise geht man inzwischen an die stillen Riesen des Waldes heran. Ein Eigenleben wird den Bäumen nachgesagt. Man ist sogar geneigt, denen Glauben zu schenken, die behaupten, die begrünten Bewohner einer weiten Flora können sogar Schmerzen empfinden. Ein eigenes Gedächtnis soll ihnen zu eigen sein. Wissenschaftlich ist heute bewiesen, dass Bäume sich als Teil einer Gemeinschaft begreifen. Es ist das Wurzelwerk, mit welchem sie sich untereinander verständigen. In Stunden der Not helfen die Stärkeren den Schwächeren. Gibt es somit vielleicht eine Kraft zwischen Rinde und Kern, der es gelingt, Gut von Böse zu unterscheiden? Nun, die Vorstellung, dass der begrünte Riese auch in der Lage ist, Rache zu üben, ist dann nicht mehr weit. Setzen wir voraus: Seine Welt ist bedroht.

Warum erzählen wir das? Wir haben davon gehört, dass es solch ein sensibles Wunderwerk der Natur, einen sogenannten Rachebaum, tatsächlich einst gegeben haben soll. Der Anlass: Seltsame Dinge fügten sich eines Tages, Geschehnisse, die zunächst niemand beim Namen nennen mochte, vor allem, weil sie den Erzähler für verrückt erklärten. Heute trägt jener sagenumwobene Baum den Namen Kurzmanneiche und befindet sich in einem Waldgebiet namens Reiler Hals.

Forschende fanden heraus, dass genau diese Eiche einst Zeuge eines schlimmen Geschehnisses werden musste. Maria, die zweite Tochter des ehemaligen Räuberhauptmanns Hans Bast Nikolai aus Krinkhof bei Hontheim, war einst an diesem Stamme das Opfer einer furchtbaren Begegnung gewesen.

Der Franzose Laurent D'Aubry, einst Soldat und Hauptmann der französischen Revolutionsarmee, hatte Maria an dieser Eiche aufgegriffen. Unschuldig, wie Maria noch war, musste sie das Schlimmste und Schmerzhafteste erleben, was einer jungen und unberührten Frau überhaupt passieren konnte. Es geschah an einem späten Oktobertag des Jahres 1796, als sich die Wege von Maria und Hauptmann D'Aubry auf dem Reiler Hals kreuzten. Sie waren beide auf der Flucht, und diese Eiche wurde zum Ort ihrer schicksalhaften Begegnung.

Maria Nikolai aus Krinkhof

Maria Nikolai galt in dem Dorf Krinkhof als eine sehr beliebte Nachbarin. Als sie mit ihrer älteren Schwester Katrin und ihrem Vater Hans Bast Nikolai Anfang September 1794 in Krinkhof Einzug gehalten hatte, waren es ihre Schönheit, ihr sanftmütiges und zutrauliches Wesen und ihre allzeit helfende Hand gewesen, die sie die Zuneigung der Dorfgemeinschaft schnell gewinnen ließ. Sie solle aussehen wie ihr Vater und ihre Schwester Katrin, so hieß es. Die Frauen schauten oft bewundernd hinter ihr her. Sehnsüchtig wünschten sich die Mädchen aus dem Dorf ein paar Zentimeter von Marias Größe oder ein paar Rundungen ihrer lockenden, wohlgestalteten Figur. Auch schauten ihre Bewunderinnen oft mit stillem Neid auf ihre vollen, langen Haare. Das pure Kupfer leuchtete in wallenden Strähnen und versprühte reichlich goldene Funken, wann immer die Sonne darauf schien.

Marias Vater, der vielerorts sehr bekannte Grobschmied und Wunderheiler Hans Bast Nikolai, hatte seine jüngere Tochter für eine Weile nach Trier zur Buzliese in das Lokal Eulenpütz geschickt. Die Buzliese war eine alte Freundin von ihm gewesen. Nikolai kannte die Gastwirtin noch aus seiner Zeit, als er in der Eliteeinheit der Kurtrierer gedient hatte. Regelmäßig war er bei diesem Weib eingekehrt und hatte sich dort mit seinen Kameraden oft genug ordentliche Zechgelage geleistet. Als Gehilfin im Haushalt sollte Maria der Buzliese eine Weile helfen und ein wenig Stadtluft schnuppern.

Doch dann kam der Tag und Maria jagte zu Fuß und nur noch mit dem Allernötigsten bekleidet, ohne sich noch einmal umzudrehen, aus dieser Schänke auf und davon. Schuld an ihrem jähen Aufbruch war die Begegnung mit dem Räuber Johannes Bückler (auch Schinderhannes genannt).

Mit seiner Gefolgschaft war der eines Nachts in der Spelunke Eulenpütz aufgetaucht. Die Buzliese und ihre Mädchen hörten es in jener Nacht nur einmal kurz rumpeln und schon hatte Bückler mit seiner wilden Horde den Gastraum belagert. Doch überall, wo dieses Gesindel einfiel wie eine Heuschreckenplage, geriet es ständig mit anderen aber auch untereinander in kaum zu zähmende Scharmützel. So war es in jener Nacht nicht anders. Es war eine Gesellschaft ohne Manieren und Regeln. Und ehe die Buzliese und ihre Mädels sich versahen, wurden auch in dieser Nacht wieder einmal die Messer gezückt und schneller als der Blitz eines Sommergewitters lag auch schon ein Toter am Boden. Ein letzter Schrei gellte durch die Nacht. Nicht lange danach trommelten die Fäuste der Gendarmerie an die Tür: „Was ist hier los? Aufgemacht!“

Maria hatte in diesem Getöse zwischen Geschrei, fliegenden Fäusten und zersplitterndem Mobiliar gar nicht durchgeblickt, was vor ihren Augen geschah. Doch eng an die Wand gepresst musste sie nicht mehr lange mit sich hadern. Der Bückler, der mit dem lieben Gesicht, der war doch unschuldig an diesem ganzen Drama. „Komm“, raunte Maria ihm zu. Sie ergriff ihn rasch bei der Hand und zerrte ihn durch den Hinterausgang einen unterirdischen

Gang entlang aus der Eulenpütz hinaus. Sie stolperten über Mörtel, Steinbrocken, ertasteten nasses Mauerwerk und kletterten irgendwann aufwärts. Zwei Körper wanden sich durch einen steinernen Durchbruch und erreichten bald ein anderes Gemäuer, ein ziemlich hohes, wie sie bemerkten. Staub war in ihre Lungen getreten. Ihr Husten wurde durch ein Echo beantwortet. Wie verschreckte Kinder warfen die Flüchtenden vorsichtig Blicke um sich. Unmittelbar hinter dem Altar des Trierer Doms waren sie gelandet, und über ihnen wölbte sich seine mächtige und hohe Kuppel.

Maria warf einen unbewegten Blick zum Heiland und bekreuzigte sich augenblicklich. Sie hatte ihr rasches und stilles Dankesgebet gerade beendet, als sie entdeckte, dass ihr Schützling, der Bückler, der heiligen Maria mit einem heftigen Ruck gerade das blaue Damastkleid entriss. Mit flinken Fingern stopfte er das Gewand der Jungfrau in seinen schmuddeligen Rock. Maria hatte vor Entsetzen nicht einmal mehr Zeit zum Atmen, als im nächsten Moment die gleiche Hand mit einem Ruck die Altardecke von ihrem Platz zog. Die fein geklöppelten Spitzen der Decke ragten noch gerade aus der Hose des dreisten Diebes.

In welche Gesellschaft war sie da geraten? Auf dem Boden der Eulenpütz lag ein Toter und hier bestahl ein Stammgast auch noch unter den Augen des Gekreuzigten das Gotteshaus. Fassungslos über das Geschehene musste Maria einsehen, dass die Eulenpütz wohl nichts anderes sein konnte als ein Schlupfloch für mordendes und raubendes Pack. Und dieser lügende Schinderhannes stand an dessen Spitze, und dem hatte sie jetzt auch noch geholfen. War sie damit zu seiner Komplizin geworden? Was, wenn die Gendarmerie in der Eulenpütz nun auch auf sie wartete? Würde sie dann auch verhaftet? Wie sollte sie denn das dem Vater erklären? Wusste er, mit welchem Volk sich seine Buzliese umgab? Das musste sie ihm unbedingt sofort berichten. Wie auch immer, eines war ihr unverzüglich klar: An diesem durch Raub und Mord entweihten Ort konnte sie keine Sekunde länger verbringen. Und so kam es, dass Maria losmarschierte, so wie sie kurz zuvor in der Eulenpütz am Herd gestanden hatte, im Mieder, in Hemdsärmeln und mit losem Schuhwerk an den Füßen.

Kannte sie den Weg denn wenigstens ungefähr? Nur einen Tag später erklomm sie bereits einen steilen Pfad am linken Ufer der Mosel, der sie auf eine bekannte Höhe führte. Direkt zu Beginn ihrer Wanderung hatte sie Glück gehabt. Am Rande des Örtchens Pallien vor den Toren der Stadt Trier traf sie einen jungen Kutscher. „Wohin des Weges?“, rief er ihr zu, und bevor Maria überhaupt antworten konnte, hörte sie von dem Bock seine lauten Worte: „Komm, steig auf! Ich muss die Kutsche nach Cochem bringen. Bis dahin ist sie leer.“ Auf diese Weise war Maria am Nachmittag und in der nächsten Nacht schweren Regengüssen entgangen. Der Tag darauf atmete noch frische Morgenluft, als Maria sich unweit des Städtchens Reil mit einem Dankesgruß von dem Kutscher verabschiedete.

Eine Weile blickte der Bursche ihr versonnen hinterher, während sein helles Haar im Wind flog. Lächelnd schwang er dabei seinen Hut.

Doch Maria eilte schon die Eifelhöhe aufwärts. Oben angekommen, heftete sie ihren Blick auf die Route, die sie nun vor sich hatte. Sie schaute in die Üppigkeit des dichten und dunklen Kondelwaldes. Unweit entdeckte sie eine Gabelung dieses Weges. Sie wusste, sie brauchte nur dem linken Pfad nach der Gabelung zu folgen, dann würde sie bald vor den Toren der Burg Arras stehen, und von dort aus war es dann auch nicht mehr weit bis Krinkhof. Nur ein paar Meter vor Beginn dieses Weges blickte sie auf eine kleine Kapelle. Maria schnaufte noch einmal laut, versuchte in ihrem Atem Kraft zu sammeln und in Gedanken etwas Mut zu schöpfen, als sich in einem Galopp zwei Reiter näherten. Es waren Franzosen.

Hauptmann Laurent D'Aubry

Für den französischen Hauptmann Laurent D'Aubry war die Besetzung der Mosel-Saar-Departements durch die Revolutionstruppen ein einzigartiges Schlaraffenland der Selbstbedienung. Er stammte aus einer kleinbürgerlichen Schusterfamilie in der Nähe von Lille und war das letzte Kind von fünfen gewesen. Sein ältester Bruder hatte wenigstens die väterliche Schusterwerkstatt geerbt und setzte damit das bescheidene Handwerk der Familie fort. Seine älteren Schwestern waren einigermaßen vorzeigbar gewesen, so dass ihnen durch Heirat der Sprung in beachtliche Partien gelungen war.

Und er? In der Kindheit galt Laurent lange als kleinwüchsig. Die anderen Kinder im Dorf hänselten ihn oft genug als „Graine". „Crétin", krähten sie lautstark hinter ihm her. Steinschleudern bewarfen ihn mit Schweinedung, während er fortrannte, ausrutschte und hinter halb verfallenen Scheunentoren verdreckt im Schlamm hockte und abwartete, bis das Gejohle endlich verebbte.

Doch irgendwann verblasste das Schwarz finsterer Eintönigkeit und verfärbte sich in helle Grautöne. Die düsteren Stunden einer Benachteiligung erfuhren einen kräftigen Stoß. Sie wurden roh beiseite gestoßen. Denn zupackende Hände zerrten mit aller Gewalt eine leuchtende Sonne herbei, rund an prallen Vorteilen, koste es, was es wolle.

An einem Wendepunkt seines Lebens musste Laurent wohl für sich entdeckt haben, dass seine Mimik, wenn sie von einem Lächeln erfüllt war, willigen Menschen vieles zu entlocken verstand. Allein der Ausbruch eines herzlichen Lachens schien plötzlich eine Welt vor seine Füßen zu zaubern, die ihm schnell hörig war. Eine Erfahrung, die er gierig für sich vereinnahmte, bevor er begann, in allen Lebenslagen – lächelnd, doch mit Wucht – seine Interessen durchzusetzen. Dabei war es unerheblich, ob er später Führungsoffizieren seinen höchsten Grad an Zuverlässigkeit aufschwatzte, oder der holden Weiblichkeit zur Befriedigung seiner Liebesgier seine ganze Aufmerksamkeit widmete.

Eine Gestik reich an den Strahlen einer reinsten Sonne in seinem Gesicht und einen schier unbegrenzten Wortschatz lieblichster Floskeln hatte Laurent eines Tages längst vervollständigt. Auf diese Weise schuf er wie magisch Stimmungen und Atmosphären voller Harmonie, die ihm Momente später halfen, seine Hand aufzuhalten und ganz selbstverständlich Geschenke einzusammeln. Wie voll diese Welt doch war an freiwilligen Gaben.

Was fiel ihm später ein, um seiner Welt der dörflichen Eintönigkeit zu entfliehen? Er wurde Soldat und erreichte seinen Aufstieg zum Hauptmann im Laufe von etlichen Dienstjahren durch Schmeicheleien. Dazu stürzte er genau in die Zeit, die ihm die Gunst der Stunde schenkte. Die Revolutionsarmee hatte begonnen, über ihre Nachbarn herzufallen, was es auch dem Soldaten Laurent erlaubte, sich zwischen den begnadeten Siegern einzureihen. Und die Macht, die Belagerten und Gequälten frei nach Wunsch und Dünken zu plündern, wurde auch ihm reichlich verliehen. Was für eine glorreiche Zeit! Laurents Augen strahlten, wenn auf den Straßen Triers die Väter die Fäuste ballten und die Frauen mit bleichen Gesichtern ein Kreuz schlugen. Denn der blanke Ehrgeiz war dem Hauptmann wieder einmal in seine Glieder gefahren. Mit seinen Trommlern und einem Leiterwagen im Schlepptau beeilte er sich, über die Gassen der Stadt zu rumpeln, an die Türen zu schlagen und aus den Häusern an Schuss- und Hiebwaffen, Möbeln und Wertsachen bis zur letzten Hosenschnalle alles abzuschleppen, was die Bürger in jenen unruhigen Tagen eigentlich für ihr karges Überleben brauchten.

„Was für wunderschöne Pferde“, hatte Maria noch an jenem verhängnisvollen Tag im Oktober 1796 festgestellt, als Laurent D‘Aubry mit seinem Burschen Jean-Claude am Reiler Hals durch den Wald jagte, als sei ihnen der Teufel auf den Fersen. Ein warmes

Gefühl durchflutete Maria. „Was für feingliedrige, junge Vollblüter", dachte sie kurz, als sie die fliehenden Tiere sah. Das Fell der rasenden Pferde war von einem wunderbaren Rostbraun und glänzte wie frisch und ausdauernd gestriegelt. Maria grüßte die beiden Reiter freundlich, während sie dachte, dass sie die Liebe für Pferde wohl von ihrem Vater hatte. Jedoch dampften die Gäule, so sehr waren sie von einer raschen Flucht getrieben. Mit Schaum vor dem Maul bissen sie in die Kandare. Ihre Augen waren weit aufrissen vor Pein.

„Ich sehe einen leckeren Happen für Zwischendurch", schoss es Laurent D'Aubry durch den Sinn, als er von weitem Maria sah und dann ihre geröteten Wangen erblickte, „und vor allen Dingen, ich sehe keine Begleitung."

„Allons", mit diesen Worten drosselte der Hauptmann seinen Galopp, sprang von seinem Pferd und warf seinem Burschen die Zügel zu. Jean-Claude schnappte sie. Wie er seinen Vorgesetzten hasste, denn ihm schwante, was dieser nun beabsichtigte. D'Aubry fühlte sich von dem langen Gesicht seines Burschen nur angestachelt, lachte ihn roh und hässlich an. Seine halb gesenkten Augenlider klebten einen Moment lang verächtlich auf seiner langen und hageren Begleitung, während er gleichzeitig, ohne überhaupt einen Blick auf sie zu werfen, nach Maria griff. Er packte sie um den Leib und schleuderte sie im nächsten Moment an den Stamm einer Eiche, die dort mit ihrer weiten Krone ein wenig über den Rand des Weges ragte. Jean-Claude verbarg sich hinter ein paar Sträuchern am steilen Hang. Er hielt sich die Ohren zu. Die anhaltenden Schreie des Mädchens drangen ihm durch Mark und Bein.

Friedensrichter Friedrich Adami aus Lutzerath

Die Stadt Trier hatte die Feierlichkeiten des 1. Vendémiaire des Jahres V. (22. September 1796), das Fest zur Gründung der Französischen Republik, ungefähr einen Monat hinter sich, als der Friedensrichter Friedrich Adami in dem Kanton Lutzerath gerade an seinem Schreibtisch weilte. Er schaute auf ein paar Briefe und Dokumente und stieß aus der Tiefe seiner Lunge einen leidvollen Seufzer aus.

In diesen Tagen waren es zwei Dinge, die sein Herz erschwerten und sein Gemüt überschatteten. Zum einen kämpfte er gemeinsam mit einem Kollegen aus Daun an den Ermittlungen zu den Morden auf der Sprinker Mühle bei Mückeln. Das pure Grauen hatte sich an diesem Ort zwei Monate zuvor abgespielt. Dabei hasste Adami die Mauer des Schweigens, gegen die er und seine Kollegen bei den Ermittlungen prallten. Es war schwierig, unter dem einfachen Volk ein paar Zeugen zu den Hintergründen der Tat zu finden. Die Menschen fürchteten sich vor diesem kriminellen Gesindel, welches Mann und Maus überfiel und jeden quälte und verhöhnte, der sich nicht unter ihr raubendes Joch stellte. Somit stießen die Ermittler trotz ihres Eifers vielerorts nur auf stumme Münder und taube Ohren.

Zum anderen war die Besorgnis des Friedensrichters in diesem Moment ganz privater Natur. Er befürchtete, seine Liebste und Verlobte Suzette Gontard, Tochter des Bürgermeisters aus Trier, war gerade der Versuchung erlegen, ihm und der Ehe, auf die sie sich verständigt hatten, abtrünnig zu werden. Es war ihm zugetragen worden, dass seine ihm Versprochene am Fest der Gründung der Französischen Republik eindeutig einem französischen Offizier zugetan war. Die Beobachter hatten ihn, den in der Ferne verweilenden Verlobten, wissen lassen, Eile von seiner Seite täte reichlich Not, sich der Sache zu widmen. Die beiden Turteltauben hätten an jenem Tag Blicke miteinander ausgetauscht, die bald feuriger nicht mehr sein konnten. Angeschmiegt jeweils am Körper des anderen, war nicht mehr viel Luft zwischen Suzette und diesem französischen Offizier gewesen. Angestachelt von diesen Schilderungen, bangte Adami nun um seine familiäre Zukunft.

Noch während Adamis Finger vor Anspannung seinen Schreibtisch umklammerten, bis einige Knöchel weiß durch seine Haut schimmerten, überfiel ihn ein unschönes Gefühl für seine nahe Zukunft. „Es nutzt nichts, hier die Provinz zu hüten und Trübsal zu blasen", sprach er mit sich selbst. „Es gibt nur eine Möglichkeit, wieder Herr der Lage zu werden", so seine Gedanken. „Ich werde mich selbst nach Trier begeben, umgehend die Lage glätten und eventuell eine Blitzhochzeit einleiten."

Dieses war nun sein fester Vorsatz: Ohne seine Suzette geehelicht zu haben, würde er keinesfalls nach Lutzerath zurückkehren. Adami gönnte sich noch einmal einen lauten Seufzer. Dann ließ er seinen Schreibtisch los. Was konnte denn jetzt noch geschehen? Ein Plan war gefasst. Doch Adamis schlechtes Gefühl für das, was bald kommen mochte, trog ihn nicht. Denn es fügte sich dann alles ganz anders ...

Jean-Claude, der Bursche von Hauptmann Laurent D'Aubry, führte wirklich ein beklagenswertes Dasein. Das Soldatenleben hatte er sich ganz anders vorgestellt.

Aus einem kleinen Ort am Rand von Paris stammend, war er zu den französischen Revolutionstruppen geeilt. Denn seine geordnete, gleichförmig schlafende Welt des Dorfes war durch die rasend wehenden Fahnen und das dröhnende Jubelgeschrei der durchziehenden Truppen aus den Fugen geraten. Jean-Claudes Augen hatten sofort zu leuchten begonnen, als Soldaten mit Pauken und Trompeten durch sein Dorf zogen und junge Rekruten anwarben. Sofort wollte auch er den Taumel des Sieges und den Aufbruch hautnah miterleben, so dass er sich nahtlos und ohne einen weiteren Gedanken zu verschwenden der letzten Reihe anschloss.

Doch anstatt jeden Tag das neue aufregende Leben eines tapferen Kämpfers zu feiern, hauste er seit ungefähr zwei Jahren mit seinem Vorgesetzten in einer Kaserne in Trier, dem vormaligen Kloster der Minoriten. Und der Alltag des Krieges bedeutete nichts anderes, als jeden Tag neu in die Fratze der penetranten Grausamkeit zu blicken. Diese Schlachtfelder, zerfurcht von rollenden Feldkanonen mit den vielen verdreckten und zerfetzten Uniformen, der Anblick von blutigen Gliedmaßen, und vielem mehr, was der Krieg ihm bot, verfolgte ihn mittlerweile nachts in seinen Träumen.

Dann die vielen Schreie der Verwundeten, die ewig in seinen Ohren nachklangen. Seine Neugier auf die lockenden Weiten jenseits seines Dorfes war längst gestillt, und nun brannte seit geraumer Zeit nur noch eine Sehnsucht in seiner Brust: Er wollte endlich seine arme Mutter wiedersehen. Sie musste sich mittlerweile unendlich Sorgen machen, wie es ihrem Jungen in der Ferne wohl ergeht.

Stattdessen klebte er an diesem despotischen Hauptmann der Kavallerie, der ihn nach Herzenslust drangsalierte, wann immer ihm der Sinn danach stand. Wie oft hatte der ihn schon geschlagen oder seine schweren Stiefeln nach ihm geworfen. Übelste Beschimpfungen „Du vermaledeiter Cochon“ oder auch schlimmste Bedrohungen „Dich lass ich hängen“ oder Flüche „Der Teufel soll dich holen“ waren oft an der Tagesordnung. Und jetzt drohte zusätzlich neues Unheil.

Sie mussten fliehen und zwar sofort. Auch dieses Mal war Jean-Claude gezwungen, die Fisimatenten von seinem Hauptmann mitzutragen, ob es ihm nun behagte oder nicht. Sein Vorgesetzter D'Aubry soll die Tochter des Maire Gontard zu Trier, die schöne Suzette, in Unehre gestürzt haben, und nun drohte eine Revanche durch den Verlobten der Nachgiebigen.

Jean-Claude hatte während der letzten Tage mit einem Ohr unerlaubt an einer Tür gehorcht und den Namen des Gehörnten aufgegriffen. Es war Friedensrichter Friedrich Adami aus Lutzerath, der D'Aubry für den kommenden Tag sehr früh am Morgen zum Duell herausgefordert hatte. Die Regeln sollten scharf sein, zehn Schritte auf Distanz und einen Kugelwechsel bis zur völligen Kampfunfähigkeit.

Dieser Friedensrichter war ein paar Tage zuvor angereist, um sich ein Bild von der ihm zugetragenen misslichen Lage zu machen. Hierbei hatte Jean-Claude die Gelegenheit gehabt, kurz einen Blick auf diesen Mann zu werfen. Er war durchaus eine ernste und seriöse Gestalt im dunklen Anzug, jedoch mittelgroß und kaum von sportlicher Statur. Damit dürfte dieses Hemd von einem Aktenhüter jedem kampferprobten, strammen Soldaten auf dem Feld der Duelle meilenweit unterlegen sein. Jedoch hatte sein Vorgesetzter mit seiner allzeit dicken Lippe über seine brennenden Heldentaten nur kurz seine buschigen Augenbrauen zusammengezogen. Er machte sich, wie jedes Mal, wenn die Stunde der Taten ihm eine Herausforderung abnötigte, in seine stets viel zu engen Hosen. Er, der Soldat vorm Herrn, fürchtete nun den Tod im nebeligen Morgengrauen, strenge Sekundanten und die tödlichen Schüsse eines schmalbrüstigen Zivilbeamten.

Jean-Claude ließ seinen Gedanken in diesem ungemütlichen Moment weiter freien Lauf und erschauderte. Wie viele Weiber hatte dieser Schwerenöter schon verführt? Es gab kaum einen Rock, vor dem er halt machte. Wie viele junge Dinger waren bereits seinen Schmachtaugen erlegen? Und wie viele reife Damen hatten schon in seinen Armen gezittert? Ungeachtet, ob die Umgarnten nun feinen oder schlichten Stuben angehörten. Wie vielen unschuldigen Wesen mit ihren zarten Mädchenträumen hatte er schon die Parade verdorben, weil er ihnen zuvor die Ehre gestohlen hatte? Die Aussicht auf eine verheißungsvolle Zukunft mit Familie in der behaglichen Mitte einer feinen Gesellschaft war dann zu Ende geträumt. Einige der entehrten Damen hatten tapfer die Konsequenzen ihres Fehltritts gezogen und im Kloster Zuflucht gesucht, um wenigstens den Ruf ihrer Familien zu retten. Für den gleichen Weg sollte sich nun auch die entehrte Suzette entschieden haben. Die Spatzen pfiffen es in Trier schon von den Dächern. Die feine und edle Suzette zog ins Kloster.

Jean-Claude mochte gar nicht einmal bestätigen, dass Hauptmann D'Aubry tatsächlich ein so schöner Mann war. Gelocktes pechschwarzes Haar umrahmte sein ovales Gesicht, und mit seiner von der Sonne getönten Haut, seinen starken Augenbrauen und seinen olivfarbenen, üppig fleischigen Lippen zog er überall Blicke auf sich.

Zudem war er ein Redner vor dem Herrn. In jeder Gruppe hingen alle Zuhörer an seinen wohlklingenden Verheißungen. Wenn er lachte, entblößte er die weißesten Zähne, die je ein Mensch gesehen hatte.

Aber das Überzeugendste an ihm war die Flut seiner Schmeicheleien, die wie ein Raubvogel nach einem Sinkflug pfeilschnell und unausweichlich ins Herz seiner Auserwählten einbrachen. Die ganze Klaviatur der höchsten Verführungskunst war ihm dabei zu eigen, so dass nur ganz wenige Geschöpfe der holden Weiblichkeit es schafften, sich dem Sog seiner Versprechungen zu entziehen.

Jean-Claude musste sich in diesem Moment zusammennehmen, obwohl sein Herz raste vor Schmerz. Er musste aufhören nachzudenken und endlich etwas tun und rasch all ihre Sachen zusammenpacken.

„Pass auf!“ Nur wenige Minuten zuvor hatte ihn sein Vorgesetzter in der Scheune bei den Pferden an seinem Stallkittel gepackt. „Wir haben neue Ordres. Wir werden sofort aufbrechen. Es gibt eine geheime Mission und die zwingt mich zu einem neuen Namen. Ich bin ab sofort der Marquis de la Ferrière. Wiederhole, wie heiße ich?“

„Marquis de la Ferrière“, hatte Jean-Claude brav und tonlos wiedergegeben. Ein tückisches Blinken erkannte er in den Augenwinkeln seines Hauptmanns, der plötzlich seinen Ton änderte und ihn mit einem Mal freundlich anrempelte: „Qui, écoute mon garçon! Hör zu, mein Junge! Bald bist du ein freier Mann und kannst gehen, wo immer du auch hingehen willst. Aber vorher musst du mich noch begleiten bis ins Hessische. Dorthin führt mich mein geheimer Auftrag. Aber, du darfst mit niemanden darüber reden, sonst kommst du nie nach Hause, siehst deine Mutter nie wieder, hast du mich verstanden?“

Es war ein heftiger Regenguss, der das Land noch am gleichen Nachmittag mit seiner Wasserflut gnadenlos überschüttete. Endlos, so schien es, versanken graue Massen in der Mosel, und anschwellende Fluten drohten die Ufer des Flusses zu verschlingen. Rauschende Bäche stürzten wie von Jähzorn getrieben durch die Gassen von Trier, als zwei Gestalten mit ihren unruhig tänzelnden rotbraunen Rössern einen Aufbruch ins Unbekannte wagten.

Hauptmann D‘Aubry trug die mit goldenen Knöpfen ausstaffierte Uniform eines Marquis unter seinem Mantel. Der Kragen war hochgeschlagen. Aber Jean-Claude entdeckte noch etwas anderes unter dem aufgebauschten Mantel seines Vorgesetzten, und er mochte seinen Sinnen nicht trauen. Blitzte zwischen den nassen Säumen des Mantels etwa die Kasse der Garnison? Hatte der Kerl tatsächlich die Dreistigkeit besessen, diese im letzten Moment an sich zu reißen? Die Lage wurde immer prekärer. Jean-Claude hatte bis dahin noch die Hoffnung gehegt, schlimmer könnte doch alles gar nicht mehr kommen. Doch mit dieser Vermutung war der Junge auf dem Holzweg ...

Hans Bast Nikolai aus Krinkhof

Das kleine Dörfchen Krinkhof in der Nähe von Hontheim, Wohnsitz von Hans Bast Nikolai und seiner Familie, zählte von jeher kaum mehr als zehn Feuerstellen. Ein verwittertes Gemäuer hielt wie eine Greisenhand ein kleines Kirchlein umklammert. Schief war der Turm des Gotteshauses, überragte dennoch mit seiner hoch aufragenden Spitze die Höfe der Umgebung. Vielleicht offenbarte er mit seiner luftigen Höhe den Heimischen vor Ort genau den Schutz, den sie sich in ihrer Abgeschiedenheit als Nähe zu Gott erhofften.

Von finsteren Tannen umschlossen, wie von der Außenwelt abgeschottet, lag das Haus von Nikolai inmitten dieser eingeschworenen Gemeinschaft. Rechts von seinem Wohnhaus in einem stets geöffneten Schuppen hatte er sich vor ungefähr zwei Jahren seine Werkstatt eingerichtet. In dieser glühte Tag und Nacht ein Feuer, oft genug am Leben gehalten allein von den frischen Windböen, die gern ungestüm und launig über die Höhen der Eifel fegten.

Seit Nikolai seine Tochter Maria der Buzliese als Gehilfin überlassen hatte, hatte er von seinem Mädchen nichts mehr gehört. Warum überfiel ihn ausgerechnet heute eine leise Sorge? In Gedanken versunken, vermochte Hans Bast kaum die Pflugschar zu bearbeiten, welche er gerade reparierte, als er von weitem eine Gestalt wanken sah. Nikolai hielt inne und erkannte: Der taumelnde Körper, der kaum in der Lage war, einen Schritt vor den anderen zu setzen, gehörte eindeutig seiner Tochter Maria. Er betrachtete sie kurz, wie sie sich zögerlich seinem Haus näherte. Danach dauerte es nur Sekunden, bis er entdeckte, dass ihr Gesicht vor Kummer entstellt war. Es war aber wohl kaum nur die Anstrengung des Weges, die sich in ihren eingesunkenen Zügen spiegelte. Etwas Schreckliches musste ihr widerfahren sein, und dieses war von Menschenhand gemacht.

„Maria! Was ist dir passiert?“ Sie sank augenblicklich in die Arme ihres Vaters. Ihr vor Tränen verzerrtes Gesicht hing an seiner Brust. Tropfen rannen Hans Bast an seinem vor Ruß verschmutzten Oberkörper herunter. Was dann geschah, daran konnte sich Maria später nur in ein paar verblassten Bildern erinnern. Nikolai dachte gar nicht daran, seine Tochter zu schonen. Er schüttelte ihren geschwächten Körper so lange, bis die an diesem Tag erlebte gramvolle Tat ihrem Mund entglitt.

„Anna, Katharina, kümmert euch um Maria!“, ordnete Hans Bast lautstark an, während er selbst auf sein Pferd flog, kaum, dass er es sattelte. Hass entstellte sein wohlgestaltetes Gesicht. Wie von einem Feuerball unter dem Schweif des Pferdes angeheizt, jagte er fast aufrecht über einen Waldpfad den Moselufern entgegen. Er überlegte nicht einmal, ob dieser Franzose den Reiler Hals überhaupt noch unsicher machte. Er brannte nur danach, diesen Schänder zu ergreifen und dessen Tat zu rächen.

Jean-Claude hatte dieses schöne Mädchen nicht gekannt, das mit einem gebeugten Gang mühsam davongeschlichen war. Er hatte der Wehrlosen nicht geholfen. Das schlechte Gewissen quälte ihn. Er hätte sie wenigstens zu Pferd nach Hause bringen können. Doch viel zu groß war sein eigener Wunsch, dieses Raubtier von Hauptmann endlich loszuwerden. Schließlich schuldete der ihm auch noch den letzten Lohn. Mit kummervoller Miene hatte er der Schwankenden hinterhergeblickt. Ihr langes Haar flog noch einmal auf, bevor die nächste Biegung des Waldwegs ihre Gestalt verschluckte.

Es donnerte. Jean-Claude blickte sorgenvoll gen Himmel. Der heftige Regenschauer vom Vortag setzte wieder ein. Sein Vorgesetzter ordnete an: „Wir bleiben hier!“ Die Zügel der Pferde waren schnell an ein paar Äste naher Bäume festgebunden. Laurent D‘Aubry verschwand in der kleinen Kapelle am Wegesrand. Dort legte er seinen Mantel ab und breitete diesen vor dem Altar aus. Einen Moment später lag er dort in seiner aufgeputzten Aufmachung, die Glieder weit von sich gestreckt. Durch ein kleines Fenster schien das Tageslicht auf seine auffallend rote Uniform. Die goldenen Knöpfe und Bordüren leuchteten auf. Die Sonne, die hier und da die Wolkendecke durchbrach, verteilte Flecken der Helligkeit auf dem schmucklosen Fußboden. D‘Aubry hatte seinen Kopf direkt unter dem Altar gebettet. Seine gelockten schwarzen Haare glänzten. Schnell erfüllte sein Schnarchen die Kapelle. Ein Tannenzweig in einer kleinen Vase zitterte im Rhythmus seiner starken Atemzüge.

Jean-Claude schlenderte zurück zur Eiche der Schandtat, wie er diesen Platz still betitelte, lehnte sich an den Stamm und fiel ebenso in einen tiefen Schlaf.

Er wusste nicht wie viele Stunden vergangen waren, als ihn plötzlich eine laute Stimme weckte. „Haaalt!“

Jean-Claude entdeckte eine Meute von fünf Reitern. Die Kerle sprangen rasch von ihren Pferden. Der Anführer dieser Horde bestimmte unmittelbar das weitere Geschehen. Er war auch der Erste, der nicht zauderte, einen Blick in die Kapelle zu werfen. Unverzüglich rief er in den Raum hinein, dass es dröhnte.

„Was haben wir denn da? Was für ein fetter Braten! La bourse ou la vie!“ Jean-Claude traute seinen Augen nicht. Denn das, was nun im Anschluss geschah, waren für ihn später nur noch die kaum erträglichen Bilder eines Grauens, das nun folgte. Er selbst kroch so schnell es ging nur wenige Meter jenseits der Eiche unter das Blätterwerk des hohen Gebüsches.

Einen Moment später hielt der Anführer seine Steinschlosspistole auf einen Liegenden gerichtet. Der Hahn seiner Waffe knackte. Ein kurzes Lächeln huschte über sein hübsches Gesicht. Dann packten seine Gesellen D'Aubry, rissen ihm Rock und Hose herunter, schlangen einen Strick um seine Füße, fesselten seine Hände und stopften ihm einen Knebel in den Mund. Räuberische Hände tasteten ihn weiter von oben bis unten ab. Sie rissen ihm seine Ringe von den Fingern, ergriffen seine kostbare Uhr. Flink wie der Blitz verschwand diese in der Tasche von Johannes Bückler. Doch dem hatte es besonders die Uniform des Franzosen angetan. Wie schön die doch blinkte! Als Bückler diese näher durchsuchte, fand er zwischen den Knöpfen Taschen mit Geld, viel Geld, Karline, Dukaten, Louisdore. Dann schlüpfte der Bückler hinter dem nächsten Baum in seine neue rote Montur.

Seine Gefolgschaft war gerade dabei, die erhaschte Beute unter sich zu verteilen, als Jean-Claude hörte, wie im rasenden Galopp noch ein weiterer Reiter auftauchte. Es war Hans Bast Nikolai. Mit einem Blick erkannte der den zappelnden Überfallenen in seiner

Unterwäsche und erfasste sofort die Lage. Der Bückler dagegen griff in den eingesammelten Haufen Dukaten und hielt eine Handvoll davon Hans Bast unter seine Nase: „Hier nimm, dein Anteil!"

„Ich will nichts davon. Den da will ich! Mit dem habe ich noch eine Rechnung offen."

Hans Bast achtete nicht auf die anderen Gesellen. Vielleicht hörte er noch mit einem Ohr, wie sie um ihren Anteil zeterten. Doch dann wurde es still, sehr still. Der Bückler war mit seinen Leuten schon auf und davon.

Hans Bast packte den am Boden Liegenden an seiner Wäsche, zerrte ihn ein paar Meter weiter zur Eiche, riss ihm den Knebel aus dem Mund und schleuderte den zitternden Körper an den breiten Stamm.

Der Gefangene spuckte, stotterte, stammelte: „Grâce, grâce, no, no, je suis innocent, je suis innocent!", quoll es aus ihm heraus.

„So, so unschuldig sollst du sein. Wie willst du wissen, was ich von dir will? Also warst du es wirklich, der meinem armen Mädchen hier an der Eiche Gewalt antat?", brüllte Hans Bast durch den Wald.

Todesangst hatte den Überwältigten längst ergriffen, und anstatt sich zu verteidigen, stotterte dieser nur unmenschliche Töne, die dennoch klangen wie ein Gurgeln der Zustimmung. Schäumender Speichel quoll hinterher.

„Los, bete, dein letztes Stündlein hat geschlagen!" Der Kopf des Gefangenen sackte tief auf seine Brust. Flatternde Lippen murmelten Unverständliches. Dann folgte nur ein kurzer Moment, den Nikolai nutzte, um diesen Wurm noch einmal mit Abscheu zu betrachten, der kümmerlich winselte wie ein altes Weib. Plötzlich packte Hans Bast eine derartige Wut, die ihn wie eine Feuersbrunst bis in die letzten Glieder aufheizte, die ihm seine letzte Beherrschung raubte. „Nicht einmal beten kannst du, du erbärmlicher Feigling", zischte es aus seinem Mund.

Dann zog Hans Bast kurzerhand seinen Nickfänger aus seiner Hosentasche und stieß der bebenden Gestalt im Schlamm des

Unterholzes die scharfe Klinge mit einem Hieb in den Nacken. Nikolai brauchte Kraft, als er das Messer im Genick noch einmal umdrehte. Es knackte. Dann ließ er los, und D'Aubry stürzte kopfüber in das Fahnenkraut. Nikolai beugte sich über den Leblosen und entfernte das Messer. Er wischte das Blut ab und steckte es ein.

Es geschah kaum eine Stunde später, als Nikolai wieder in seiner Werkstatt stand, seinen Hammer schwang und die einzelnen Teile einer Pflugschar zu Ende schmiedete. Bald erstrahlte sie in neuer Fertigkeit. Nikolai stellte das Gerät zum Abkühlen vor den Schuppen. Er warf einen letzten Blick darauf. Die Arbeit war ihm gut gelungen.

Am Reiler Hals, inzwischen entweiht zum Ort schwerster Taten, war nach diesem Überfall zumindest für Momente die Stille wieder eingekehrt. Nach einer Weile des bangen Abwartens stolperte Jean-Claude mit klopfendem Herzen aus dem Unterholz. Er fürchtete sich vor dem Liegenden dort an der Eiche. Er versuchte vorsichtig zu ergründen, ob sein Vorgesetzter wirklich nie wieder aufstehen würde. Jean-Claude entdeckte die Stichwunde im Nacken. „Na", dachte er mehr frohlockend als bebend, „den hat's endgültig erwischt. Der wirft keine Stiefel mehr nach mir." Er eilte zur Kapelle und blickte hinter den Altar. Eines hatten die Räuber in ihrem Eifer übersehen. Unterhalb der mildtätigen Augen des Gekreuzigten auf dem staubigen Fußboden hatte D'Aubry vor seinem Nickerchen seine Geldkatze verstaut. Jean-Claude schnappte den Beutel und schob ihn unter seinen Rock. Anschließend löste er mit flinken Fingern die Zügel seines Pferdes vom Baum, gab ihm die Sporen und jagte zurück ins Moseltal so schnell wie die Beine seines Gaules fliegen konnten. Aber mit seinem Verschwinden hatte die Einsamkeit diesen Ort keineswegs zurückerobert. Der Galopp von Jean-Claude war kaum verklungen, als noch ein weiterer Reiter die Höhe hinaufeilte.

Es war der Friedensrichter Adami auf seinem Rückweg nach Lutzerath. Unvermittelt stoppte Adami an der Kapelle. Auch er blickte in das kleine Gotteshaus. Auf seinem Boden entdeckte er einen einzelnen Handschuh, und in den Ecken blinkten verstreut ein paar Dukaten. Adami stutzte einen Moment. Er war doch glatt der Vermutung erlegen, er könnte sich an dem Tatort eines soeben vollzogenen Raubüberfalls eingefunden haben. Klammen Herzens verließ er die Kapelle wieder und sah sich an dem Gemäuer nach weiteren Spuren um. Waren die Räuber vielleicht noch in der Nähe? Adami suchte mit scharfen Augen die Strecke des Waldweges ab, bis er ein paar Meter weiter die markante Eiche erkannte und dort durch das Unterholz helle Unterwäsche blitzen sah. Mit einem unguten Gefühl im Magen näherte er sich dem Fund. Die nächste Entdeckung brachte sein Blut fast zum Stocken. Doch, unglaublich, der war es tatsächlich.

Da, zwischen leuchtend grünem Farnkraut lag sein Widersacher leblos auf nassem Waldboden. Hier fand er ihn nun, diesen Schwerenöter und Feind seiner Familienträume, den er vor zwei Tagen noch zum Duell aufgefordert hatte, mit einer tödlichen Stichwunde im Nacken.

„Na, vor meiner Pistole bist du feige abgehauen und nun hat dich jemand anderes auf der Flucht erwischt. Hoffentlich hat dieses Messer deinen Hals mit meinem Hass auf der Klinge durchstoßen. Dann hast du wenigstens am eigenen Leib erlebt, wie es ist, wenn Rage brennt wie glühende Kohle“, murmelte Adami dem leblosen Körper entgegen. Empfand er nun beim Anblick dieses Toten Genugtuung für das, was dieser Kerl ihm und seiner Braut angetan hatte? Der Friedensrichter blickte um sich. Ein Gaul schnaubte unruhig an einem Baum, schabte mit seinen Hufen. Das Tier brauchte dringend Wasser und Verpflegung.

„Was für ein wunderschönes Pferd“, schwärmte Adami. Hans Bast Nikolai hatte ihm kürzlich eine Nachricht zukommen lassen. Nikolai wollte ihn unbedingt sprechen. „Das Pferd nehme ich mit zu Nikolai. Es lahmt, werde ich angeben“, sagte er zu sich selbst. „Vielleicht ein Lichtblick in diesen Tagen. Vor allem die Morde auf der Sprinker Mühle sitzen uns allen ganz ordentlich im Nacken. Dieser Nikolai steckt doch hier tief mit drin. Vielleicht gelingt es mir jetzt, endlich einen Menschen zum Reden zu bringen.“

Der Rachebaum erzählt seine Geschichte

Es war ein paar Tage später, als auf den Gassen von Cochem eine große Aufregung herrschte. Frauen, Mädchen, Mägde und feinere Damen standen am Straßenrand Spalier. Sie jubelten oder schwangen vor Begeisterung ihre bestickten Taschentücher.

Der Marquis de la Ferrière gab sich an jenem Tag die Ehre. Er ritt an den alten Stadtmauern von Cochem entlang und grüßte das Volk. Der Marquis sprach Deutsch mit einem sehr galanten Akzent. Er wusste schon, was gute Lebensart ist. Denn mit seiner leuchtend roten Uniform beliebte er im Lokal Goldener Adler zu speisen, bestellte dort Barben. Die Moselfische wurden ihm mit reichlich Butter gereicht. Danach ließ er sich zarten Rehrücken und Wildschweinskopf in pikanter Soße munden.

Sein Tisch war schon überreich gedeckt und der Marquis spachtelte, dass sein Mund gar nicht voller gestopft sein konnte, als etwas Unglaubliches geschah. Niemand, der diese Situation beobachtete, mochte den eigenen Augen trauen. Plötzlich schlüpften ganze Scharen grüner Raupen aus den Ärmeln der stolzen Uniform. Der Marquis starrte mit offenem Mund, gefüllt bis zu den Lippen, auf eine geschlossene Straße von Ungeziefer, das unaufhaltsam über seine Handrücken kroch. Nachdem dieses Geschwader an Würmern zwischen groben Sehnen und nicht ganz sauberen Fingernägeln reichlich sämige Spuren hinterlassen hatte, rollte es ungehindert auf den vollen Teller des Genießers. In einer Windeseile waren auf diesem alle Köstlichkeiten verputzt. Nicht einmal Spuren von Krümeln oder Reste feuchter Soßen waren noch übrig. Der Wirt vom

Goldenen Adler hatte die Gelegenheit, diese unglaubliche Katastrophe von der Küche aus zu beobachten. Mit verkrampften Händen vor seinem Gesicht, stürzte er haltlos aus seinem Gasthaus. Auf der Gasse, nur ein paar Meter vor dem Eingang seiner Gaststube, verschaffte er seinem Entsetzen Luft. Sein irrer Schrei drang über die Altstadt von Cochem und noch bis hinauf zu den Ruinen der Reichsburg.

Ungefähr zur gleichen Zeit und geschätzt zwanzig Kilometer entfernt auf der Eifelhöhe im Städtchen Lutzerath saß der Friedensrichter Friedrich Adami an seinem Schreibtisch. Er bemühte sich, so schnell wie möglich seinen ersten Bericht über die jüngsten Aussagen zu verfassen, welche er kürzlich Hans Bast Nikolai abringen konnte. Die Tinte war noch nicht trocken, da überfiel ihn ein Juckreiz an den Schultern und den Armen. Kurz darauf krochen Massen von Raupen und Maden aus den Ärmeln seines Hemdes. Sie stürzten in gerader Linie auf sein soeben verfasstes Papier. Adami hielt seinen Atem an, als dieses Gewürm begann, in Windeseile Löcher in seinen Bericht zu fressen, Anstalten machte, es auch an allen Ecken und Längsenden zu vernaschen. Geistesgegenwärtig ergriff Adami den Henkel eines Kruges, der unmittelbar hinter seinem Schreibtisch stand, und goss Wasser über die grüne Plage. Die frisch getrocknete Tinte löste sich auf, verwandelte sich in einen dunklen See und ertränkte das Gewürm.

Der Bursche des frisch verschiedenen Hauptmanns D'Aubry, Jean-Claude, war drei Tage und drei Nächte lang geritten, bis er zwischen zwei sanft ansteigenden Hügeln das Tal seiner Heimat erreichte. Weinend fielen sich Mutter und Sohn in die Arme. Danach dauerte es nur wenige Tage, als er auf einen nahen Acker eilte, um für seine Mutter und sich die letzten Kartoffeln dieses Jahres auf dem Feld zu sammeln. Es war noch früher Morgen, und die Reste der vergangenen Ernte steckten noch unberührt im Boden des Feldrandes, als Jean-Claude glaubte, seine Sinne hätten ihn verlassen. Seine Haut an den Beinen hatte kurz zuvor unerklärlich gejuckt. Mit einem Kratzen wollte er dem Juckreiz Linderung verschaffen, als eine unübersehbare Plage von Raupen und Maden aus seinen Hosenbeinen strömte. Doch damit nicht genug. Rascher als der Wind stürzte sich die wimmelnde Masse auf die Kartoffeln zu seinen Füßen, rasierte regelrecht deren braune Verschalung und fraß sich durch die Erdäpfel, als verfügte die nagende Einheit über den Kiefer eines Wildschweines. Jean-Claude ergriff eine alte Jacke und schlug auf das Ungeziefer ein, bis es – wie vom Sturm getrieben – durch die Luft wirbelte.

Doch die letzte Legende, welche diese bereits zugetragenen Ungeheuerlichkeiten eindeutig übertraf und dabei diese um eine weitere delikate Geschichte ergänzte, geschah fast zwei Jahrhunderte später. Chronisten hatten zu dieser Begebenheit verschiedene Gerüchte aufgeschnappt, diese aber nur ungefähr festgehalten.

Der ortsansässige Christian Seifert galt Anfang der 1970er Jahre in Reil als ein Schwerenöter vor dem Herrn. Mit seinem pechschwarzen Haar, seinen fleischigen Lippen wie eine reife Frucht und seinen eindringlichen Schmeicheleien gab es kaum eine Braut im Ort, die ihm widerstehen konnte.

So fügte sich eines Tages ein Ausflug zur Kurzmanneiche auf dem Reiler Hals mit der feschen Gisela. Unter dem Vorwand, ihr etwas Wichtiges mitteilen zu müssen, hatte Christian seine Angebetete dorthin gelockt. Doch kaum hatten sie am Stamm der Eiche Platz genommen, spürte Gisela überall in ihrer Unterwäsche die Finger von Christian. Und auf diese hatte sie gar keine Lust.

„Was gibt das, wenn es fertig wird?“, brüllte sie ihn lautstark an. „Du weißt doch genau, dass ich in einer Woche heirate.“ Mit diesen Worten versetzte sie dem Zudringlichen rasch und heftig eine Ohrfeige. Sie schnappte ihr Fahrrad und sauste in Windeseile den Hang des Reiler Halses hinab zurück in den Ort.

„Dumme Kuh, du weißt gar nicht, was du verpasst“, murmelte Christian halblaut vor sich hin. Nur die Kurzmanneiche war sein Zeuge, als Christian einen Moment später eine brennende Zigarette achtlos im Unterholz fallen ließ. So bemerkte er auch nicht, wie sich eine Raupe an ihrem langen Faden vom Baum abseilte, sich auf die Glut stürzte und unter Opferung ihres Lebens das Feuer seiner Zigarette löschte.

Doch Christians Tag war noch lange nicht zu Ende. Am Abend zog er noch reichlich um die Häuser. Am Tresen spielte er um seine letzten Groschen. Er flog von Kneipe zu Kneipe. Mit leeren Taschen torkelte er dann in der Nacht nach Hause.

Angetrunken und hungrig öffnete er später in seiner Gartenlaube eine Dose Gulaschsuppe und beobachtete mit trunken glänzenden Augen, wie es von einem Moment auf den anderen Fluten von Raupen und Maden aus seiner Jacke wimmelte. Diese krabbelnde Plage eroberte in Windeseile seinen Teller mit Suppe. Sie tummelte sich kurz darin, als würde sie das Bad genießen, fraß sich durch die Fleischstücke, bevor der letzte Tropfen Suppe daraus verschwand, kaum dass Christian überhaupt einen Löffel erhaschen konnte.

„Das kann alles nicht sein“, murmelte Christian undeutlich vor sich hin. „Na gut, ich bin besoffen, lassen wir das. Morgen ist auch noch ein Tag.“

Doch der nächste Tag stand kaum unter einem besseren Stern. Christian wurde wach und spürte einen kräftigen Kater in seinem Schädel. Als er seinen Kopf berührte, fühlte er nur eine kahle Fläche, anstatt seiner vollen Haare. „Komisch“, dachte er. Müde schleppte er sich zum Spiegel und glaubte nicht, was er sah. Seine wunderschönen schwarzen Locken waren von der Kopfhaut spurlos verschwunden. Er war völlig kahl. Auch gab es seine buschigen Augenbrauen nicht mehr, wie auch seine langen, gebogenen und schwarzen Wimpern nicht mehr vorhanden waren. Seine Haut bis zu den Augen war glatt. Er sah aus, völlig haar- und ausdruckslos, wie ein frisch geborener Nacktmull.

Christian verstand kaum, seinem Entsetzen Ausdruck zu verleihen, als plötzlich eine Raupe, grün wie ein Laubfrosch, über seinen Hinterkopf und seine kahle Schädeldecke kroch, bis sie seine Stirn erreichte. Dort angekommen, bäumte sich das Gewürm auf. Es krümmte sich in alle Richtungen, als hielte es einen schimpfenden Appell. Doch lange hatte der Wurm keinen guten Stand zwischen Christians Stirnfalten und stürzte einen Moment später direkt auf seine geöffnete Unterlippe. Diese, fleischig wie sie war, hatte sich wohl als Speise angeboten, denn die Raupe biss Christian kräftig in die Lippe, bis diese stark blutete und Christian gar nicht anders konnte, als laut aufzuschreien.

Stimmen im Ort sprachen am Tresen über diesen Vorfall nur sehr ungern. Fragen wurden wortkarg bis gar nicht beantwortet. Nur über diese eine Tatsache wurde später berichtet. Ein karitativer Verein hatte sich dieses leibhaftigen Elends angenommen und regelmäßig vor der Tür von Christians Gartenlaube Essen gestellt. Beobachter erkannten, dass es dann immer einige Minuten dauerte, bis sich die alte Holztür für einen Spalt öffnete. Weitere Momente danach erschien eine dürre, hagere Hand, die nach dem Teller griff. Der Spalt schloss sich wieder.

Niemand weiß, wann Christian Seifert seine vier Wände jemals verlassen hatte. Eines Tages stand der Teller unberührt vor seiner Tür. Trotz Ermittlungen blieb Seifert spurlos verschwunden und wurde nie wieder von irgendjemandem gesehen.

Und ewig rauscht das Mühlrad

Der Brudermord von Schutz

Kulturen mit einer starken Nähe zur Natur verehren oft Tiere als Träger einzigartiger Eigenschaften. Der Bär verkörpert Großherzigkeit, Geduld und Schutz. Die Schlange steht für schöpferischen Neubeginn und die Aufforderung, die Vergangenheit wie eine alte Haut abzustreifen. Den Adler mit seiner Flügelspannweite verbindet man mit Weitblick und Scharfsinn, verehrt ihn auch vielfach für seine Nähe zur nährenden Sonne.

Der kleine und zierliche Marder findet in der Welt der mystischen Betrachtungen zwar weniger Beachtung, jedoch verfügt er ebenso über außerordentliche Fähigkeiten. Der Marder als Krafttier kann helfen, Hindernisse zu überwinden und mit geschickten Krallen über Barrieren zu klettern, schneller als die Welt sich dreht, so heißt es. Als kühner Räuber streicht das kleine Raubtier auf leisen Sohlen unsichtbar um seine Gegner herum und beißt zu mit kleinen, feinen Bissen, während die Großen und Starken nach ihren Wunden greifen, bevor sie dann mit langen Gesichtern nach der Ursache suchen und zu begreifen versuchen, worum es eigentlich geht.

Als Hans Bast Nikolai Anfang September 1797 an einem frühen Nachmittag voller Licht das erste Mal den Burberg am Rande des Ortes Schutz nordwestlich der Grafschaft Manderscheid betrat, ahnte er sofort, dass dieser Ort etwas ganz Besonderes ist. Er betrachtete die wüste Flora und ließ dabei die moosbehangenen Bäume und Büsche auf sich wirken, die in ihm die Vorstellung auslösten, er sei von einer Horde Urmenschen umgeben, die ihre Körper mit Fellen wärmen. Nikolai verharrte regungslos auf knackendem Unterholz. Die Nüstern seines sanft schnaubenden Pferdes spürte er warm an seiner Schulter, und ihm schien, als sei er gerade aus der Zeit gefallen. Die Natur und die Felsen um ihn herum weckten in ihm die Vorstellung, er sei inmitten eines Haufens ehemaliger Wächter eingetaucht. Einst hatten diese ihrer Herrschaft ewige Treue geschworen, und nun mussten sie ihren Eid und ihre Anhänglichkeit mit der Verholzung ihres Körpers und der Versteinerung ihrer Glieder bezahlen.

Aber auch die Unvergänglichkeit speit gelegentlich Rache, so dass selbst einen hart gesottenen Charakter wie Nikolai Gefühle überfielen. Die stark verästelten Stämme und ihre üppigen Baumkronen über seinem Kopf griffen nach ihm und trachteten danach, ihn in den Schlund dieses düsteren Berges zu ziehen. Nikolai erschauderte. Doch dann schluckte er kurz, raffte den Stehkragen seines Hemdes höher, während er sich mit seiner Machete tapfer den Weg zum Gipfel freikämpfte.

„Was ist denn das?", murmelte Nikolai in die weite Luft hinein. Nur noch ein paar Meter aufwärts und er hatte die freie Fläche einer kreisrunden Lavakuppe erklommen. Sein Pferd überließ er vor dem Gipfel einem Ast unweit eines Felsvorsprungs. Noch ein letzter ausladender Schritt und plötzlich stand er unter völlig freiem Himmel und erlebte dann einen Blick, der ihn für alle Aufstiegsmühen belohnte.

Er sah links und rechts an mächtigen Gesteinsblöcken herab. Nikolai musste seiner Verblüffung Herr werden, als er in den Profilen dieser wuchtigen Felswände vorgestülpte Unterlippen, lange, stark gekrümmte Nasen sowie tiefe Augenhöhlen als Teile menschlicher Gesichter entdeckte. „Wenn ich euch Riesen so anschaue, dann ist die Welt hier oben nicht anders als bei uns da unten", lachte Nikolai in die luftige Höhe. Stattliche Felsen ballten sich auch hier zu Gruppen von Hochmütigen und Gekränkten zusammen, wirkten wie vergessene Krieger, die sich bis in alle Ewigkeit gegenseitig ihre Sturheit und ihren versteinerten Trotz entgegenhielten. Wo war nur die Harmonie einer Bergesruh?

Doch da: Als seine Augen im Rundflug noch einmal über die Ferne schweiften, spürte er einen leichten Schwindel. „Vielleicht kann ich doch fliegen. Gleich geht's los, und ich hebe ab", schoss es ihm durch den Sinn.

In Wahrheit war Hans Bast Nikolai auf den Trümmern einer ehemaligen Fliehburg gelandet, einem Zeugnis aus der Zeit des untergehenden Römischen Reiches. Er ahnte nicht, dass sich unter ihm eine ehemalige Tempelburg befand, welche den römischen Imperatoren einst half, die letzten Stellungen zu halten, während sich der Untergang ihres Reiches schleichend, aber unaufhaltsam abzeichnete. Denn in den letzten Jahrzehnten dieses Reiches hatten sich die Niederlagen ihrer sagenumwobenen Feldherren gehäuft und die Wut und die Kraft verschiedener gallischer und germanischer Völker längst übermenschlich wachsen lassen. Diese waren es schon lange satt, dass jene Mammutheere aus dem Süden mit ihren schnurgeraden Endlosreihen in genieteten Schutzpanzern ihre Ländereien überfluteten und ihnen Lebensweisen und Gottheiten aufzwangen. Die Säulen der römischen Usurpatoren waren schon länger bedenklich ins Wanken geraten. Bronzemünzen in Hülle und Fülle in den versteckten Kammern dieser Festung waren möglicherweise die letzten verzweifelten Versuche, die tobenden Gallier und ihre Stammesfürsten zu besänftigen.

Vielleicht erahnte Hans Bast in diesem Moment jenen antiken Fund von unschätzbarem Wert unter seinen Füßen. Allerdings waren Zeichnungen in seiner Zeit noch unbekannt gewesen, die erst Jahrhunderte später die Kammern und Stollwerke mit gemörtelten Umwehrungen unter der Kruste dieses Berges belegten und damit auf den antiken Schatz hinwiesen. So spürte Hans Bast während seines ersten Besuches auf dieser Höhe lediglich eine seltsame Schwere unter seinen Füßen, die umso stärker wuchs, je länger er unbewegt auf einem Flecken verharrte. Er verscheuchte diese Empfindung keineswegs, sondern deutete sie so, dass in der schwarzen Tiefe unter seinen ungeputzten Stiefeln wohl ein Schatz erheblichen Ausmaßes auf ihn wartete.

„Es ist doch immer das Gleiche", raunte Nikolai mit dunkler

Stimme vor sich hin. „Der Teufel setzt sich nieder auf den größten Haufen und vermehrt mit seinem Unrat immer wieder den Reichtum seiner Schützlinge."

Und während Nikolai Lebensweisheiten vor sich hin flüsterte, entdeckte er reges Treiben unten im Dorf. Er ließ es nicht aus den Augen. Er hörte bis auf den Gipfel dieser Höhe das kräftige Rauschen von sprudelndem Wasser zwischen erregten Stimmen. Weiterhin sah er dort unten fleißiges Hantieren gleich der Betriebsamkeit emsiger Ameisen. „Hm", knurrte er genüsslich, „da gibt es doch sicher prachtvolles Schrot und Korn mit lohnendem Auskommen. Soll Schutz nicht das Dorf der Mühlen sein? So jedenfalls habe ich es gehört. Wäre ich sonst hier? Nun, da haben wir genug zu tun", wanderten seine Gedanken weiter. „Freundlich, wie wir es immer angehen, bitten wir bald die Besitzer von Mühlen und Ländereien um eine Spende für die Armen dieser Tage."

Der Müller Johann Peter Theisen von der Rutschmühle

Noch während Hans Bast Nikolai in der gleichen Nacht seiner Gefolgschaft den Floh ins Ohr setzte, im Schoße des Burbergs gäbe es einen Schatz, der sie alle auf einen Schlag zu reichen Männern machen könnte, hockte in den frühen Morgenstunden der Müller Johann Peter Theisen kummervoll auf seiner Bettkante.

Er lebte einen halben Kilometer vom Dorf Schutz entfernt, und ihn plagten in seiner Rutschmühle am sprudelnden Walmersbach ganz andere Sorgen.

Ein Vierteljahrhundert war nun vergangen, seit er seine geliebte Catherine aus Weidenbach gefreit hatte. Zutiefst verliebt war er damals in ein elfenartiges Wesen und hätte in seinen kühnsten Vorstellungen nie zu träumen gewagt, dass er dieses Goldstück je gewinnen könnte. Wie viele Sonntage war er ihr hinterhergeschlichen, wenn ihre glockenhelle Stimme in der Kirche bei den Anniversarien die Betenden betörte. Ihr Gesang verführte die Lauschenden unweigerlich in andere Welten. Mit welch süßem Schmelz war sie damals in der Lage, brillierend über Tonleitern zu jonglieren, dass selbst Amseln und Drosseln an der frischen Luft schwiegen und ihrem Gesang den Vortritt ließen.

Und jetzt? Was war aus seinem zauberhaften Kolibri früherer Tage geworden? Johann Peter Theisen atmete mit flatternden Lippen tief ein und wieder aus. Die Luft in der gemeinsamen Schlafkammer war wieder einmal viel zu stickig. Schuld daran war die Stöhnerei und Jammerei einer inzwischen viel tieferen Stimmlage, die er seit einiger Zeit Nacht für Nacht auszuhalten hatte. Dazu strampelte seine Frau hin und wieder derart mit ihren Füßen und stieß dabei mit ihren Hacken heftig in das Laken, dass ihr gemeinsames Lager vibrierte. Johann Peter schreckte hoch. Mit offenen Augen lag er wach und schlief nicht mehr ein.

„Habe ich in unserem jungen Leben nicht geschafft bis zum Umfallen und unser Hab und Gut mit viel Umsicht aufgebaut?“, stammelte er bitter vor sich hin, während ein weiteres heiseres Raunen der Kehle seiner Frau entglitt, als sei sie eine Schwerstkranke. Johann Peter zuckte ein weiteres Mal zusammen.

Hatte er früher als junger Bursche nicht selten großes Glück gehabt? Die Eifel war voll von gurgelndem Wasser, und Müller ein durchaus ehrbarer Beruf. Nach einer dreijährigen Lehrzeit war er als Geselle auf Wanderschaft gegangen, war überall sehr anstellig gewesen, hatte viel dazugelernt. Und danach?

Die Rutschmühle bei Schutz hatte es Johann Peter angetan, als er sie in den letzten Tagen seiner Wanderschaft als ein unbewohntes Mühlchen entdeckte und sich sofort in sie verliebte. So fasste er sich ein Herz und traute sich, Anfang der 1770er Jahre im Hause Manderscheid-Blankenheim vorzusprechen. Er hatte gehört, in der Grafschaft Manderscheid sprudelten die Einnahmen aus der Eisenindustrie nur so. Und die reichen Erzvorkommen sollte die adelige Obrigkeit auch gegenüber den Anliegen der verschiedenen handwerklichen Zünfte gnädig stimmen.

Wie hatte ihm damals sein Herz bis zum Hals geklopft im Audienzzimmer des Oberamtmannes Armbruster. Noch lange danach erinnerte sich Johann Peter an diesen knarrenden Stuhl, auf dem er hocken und warten musste, bis man ihn endlich anhörte. Die Weichen für seine Zukunft wurden gerade gestellt und er schwitzte so stark, dass sich sein Hemd unter den Achseln dunkel verfärbte. Mit seiner Mütze in der linken zitternden Hand, zerrte er mit seiner rechten einen Antrag und einen Bauplan aus seinem Beutel und erklärte mit brüchiger Stimme, wie er künftig die Rutschmühle zu bewirtschaften und zu erweitern gedachte. Denn er brauche sie auch als Wohngebäude für seine zukünftige Familie. Sein Mund füllte sich unentwegt mit Speichel, während er sprach. Gleichzeitig gingen ihm ohne Unterlass immer die gleichen Fragen durch seinen Kopf: „Was denkt er jetzt? Was sagt er gleich? Was denkt er jetzt? Was sagt er gleich?"

Oberamtmann Armbruster schritt mit verschränkten Armen seine Amtsstube ab und ließ eine Ewigkeit verstreichen. Doch dann jagte die lang ersehnte Antwort in einer Geschwindigkeit zwischen seinen Lippen hervor, dass Johann Peter vor Überraschung kaum zu atmen wagte.

„Gut! Du scheinst ein fleißiger Bursche zu sein, der weiß, was er will. Wir tragen die Genehmigung für den Betrieb hier in das Mühlbuch ein. Auch regeln wir die Wasserrechte, welcher du dich bedienen darfst, damit deine Rutschmühle auch läuft, und ich gebe dir noch ein paar Ländereien zur Pacht dazu, damit du sie entsprechend bewirtschaftest."

„Hier", rasch wie der Wind entfaltete Armbruster eine Karte. Johann Peter folgte den Fingern des Oberamtmannes und ihren Kreisen über das Dorf Schutz, den Burberg und einige Felder und Flure links vom Walmersbach.

„Schau, diese Gemarkung verläuft links vom Ufer des Baches bis hinauf in den Wald. Hier oben auf der Höhe, wo die Böschung auf eine Wiese und hier weiter oben in den Wald mündet, ist die Grenze. Das ganze Gebiet vom Ufer über die Böschung bis zum Wald hinauf ist voller Quellen. Von diesen speist du dein Wasser. Ich verpachte dir das Land für einmal 12 Jahre. Und wenn du deine Arbeit gut machst, verlängere ich den Pachtvertrag noch einmal um 2 mal 12 Jahre."

Kurz hüstelte Armbruster in sein Taschentuch. Er drückte es an seinen Mund. „Und ich gebe dir eine Urkunde, die besagt, dass du alle Waldfrüchte in den nahen Wäldern ernten darfst. Ich möchte, dass deine Getreidemühle auch Öl presst und du dieses regelmäßig an den Hof lieferst. Die Gräfin Manderscheid-Blankenheim ist verrückt nach Ölen", flüsterte Armbruster leise.

Wie lange war das nun her? Johann Peter drehte sich auf der Bettkante um und blickte noch einmal auf seine Frau neben ihm, die er doch einst so geliebt und verehrt hatte. Ein starker Schmerz machte sich in seiner Herzgegend breit. Schuld an diesen massiven Verstimmungen im ehelichen Zusammenleben waren die neuerdings auftretenden Albträume, die der armen Catherine den inneren Frieden raubten, ihr die Stunden des nächtlichen Schlafes in eine Hölle verwandelten. Johann Peter schien es, als wäre ihr einst so zarter Körper mittlerweile von einem hässlichen kleinen Gnom befallen, der zwischen den Gedärmen hockte und ihre einstige Schönheit längst vereinnahmt hatte. „Was für eine schrumpelige Pflaume liegt heute neben mir", dachte er. Teile ihrer Glieder und ihres Gesichtes lagen unter der Decke, waren wie in einer dunklen Höhle versteckt. Johann Peter wandte sich von ihr ab und ließ seine Gedanken noch einmal in seine Vergangenheit schweifen.

Konnten seine Tage damals heller scheinen? Nach der Unterredung mit dem Oberamtmann war er ordentlicher Mühlenbetreiber und Pächter eines stattlichen Stück Landes geworden mit der Erlaubnis, Früchte zu ernten, beständig Korn zu mahlen. Später gestattete ihm dieses wunderbare Leben noch einen weiteren Höhepunkt. Er hatte seine Catherine entdeckt und ihren Schwebegang durch die Gassen der Gemeinden Schutz und Weidenbach. Wie war er doch geblendet gewesen von ihrem Anblick und ihrem Liebreiz.

„Alles Lug und Trug", schrillten plötzlich ihre Worte. Arme und Beine staksten durch die Luft wie von einem Sturm hochgerissen. „Überall Lügen, Intrigen, Boshaftigkeiten. Die neuen Menschen oben vom Burberg hetzen alle im Dorf gegeneinander auf. Die sind schlecht für unsere Buben. Einer von ihnen wird bald sterben. Auf dem Läuferstein in der Mühle fließt das Blut in Strömen. Ich habe es genau gesehen. Das Mehl ist rot gefärbt", überschlug sich ihre Stimme. „Neues Unglück kommt über uns. Sie werden ihn töten. Bald stirbt unser Nikolaus!"

Nun war es wirklich genug. „Es reicht, Weib, lass endlich gut sein. Dein wirres Geschrei ist ja nicht mehr auszuhalten. Krank bist du, und ab morgen schläfst du nur noch in der Abstellkammer unter dem Dach. Und im Mühlenbetrieb lässt du dich mit deinen schlimmen Weissagungen nicht mehr blicken. Das Essen wird dir raufgebracht!"

Nach diesen Worten verschwand Catherine wieder unter ihrer Decke und brach in heftiges Weinen aus.

Johann Peter versank erneut ins Grübeln. Hatte er sie gerade zu hart angepackt? „Vielleicht war es doch der falsche Blitz gewesen, der mich damals getroffen hatte", raffte Müller Johann Peter Theisen schlussendlich die letzten 25 Jahre Ehe zusammen. Seine Füße baumelten noch einmal kurz über dem Holzboden. Dann legte er seine Schlafmütze endgültig zur Seite. Missmutig stand er auf.

Eines war dem Müller Theisen damals bei seinem Jubel über den Erfolg in der Amtsstube in Manderscheid nicht in den Sinn gekommen. Freudig beseelt von den eiligen Zusagen der Obrigkeit, hatte er gar nicht nachgefragt, warum sein Vorgänger auf der Rutschmühle, der Müller Simon Ehlen, einstmals so jämmerlich gescheitert war. Ein Umstand, der Theisen mehr als zwei Jahrzehnte später mächtig zu schaffen machte.

Die Rutschmühle stand nicht direkt am Wasserlauf, sondern ungefähr 50 Meter vom Bach entfernt und zwar mittig auf einem abschüssigen Uferstreifen, so dass das Wasser immer der Neigung der nahen Böschung folgte und seitwärts floss. Diese Tatsache hatte Theisens Freude zunächst keineswegs getrübt, denn aus dem Gefälle dieses Uferstreifens sowie aus der nahen Böschung sprudelten überall, so wie vom Amtmann angekündigt, reichlich Quellen.

Die frische Verliebtheit fieberte in Theisens Adern und befeuerte seinen Eifer. Sie trieb ihn dazu an, Terrassen in das Gefälle des Grundstücks zu bauen, auf dem die Mühle stand, und darauf drei Weiher anzulegen. Dann zog Theisen Rinnen durch das Unkraut, durch die das Wasser zum Rad der Mühle floss. Das notwendige Wasser rauschte in die Schaufeln, und schon drehte sich munter sein Mühlrad. Um das Korn fein zu mahlen, schärfte er die Mühlsteine regelmäßig. Genauso wie er die Holzzähne des Kammrades nachhobelte und die Stützbalken am Wellbaum austauschte. Danach dauerte es nicht lange und ein klappernder Rüttelschuh mit gesundem Korn tönte Tag und Nacht weit in das Tal des Wallmerbachs.

Doch eines Tages musste sich das Glück bei Johann Peter gelangweilt haben. Es begann einen Bogen um ihn zu ziehen und entfernte sich von ihm und seiner Familie. Das Leid klopfte stattdessen mit stattlichen Hieben an seine Tür.

Die Brustkrankheit überfiel die ganze Familie. Catherine schaffte es trotz ihrer zarten Beschaffenheit am besten, sie zu überleben. Johann Peter dagegen hielten die bösartigen Viren lange in Schach. Wochenlang lag er mit einer Schwäche im Bett, von der er sich nie wieder richtig erholte. Am ärgsten hatte es den einzigen Sohn Peter getroffen. Ein langes Siechtum musste er zuerst erleiden, bis er eines Tages seine Augen ganz schloss. Eine junge Witwe hatte der feinsinnige, gerade einmal 21-jährige Junge hinterlassen, kaum dass er mit der flotten Eva Mertes aus Wallmersbach vermählt war.

Ein Lichtblick in dieser vom Unglück gebeutelten Zeit: die beiden Brüder Nikolaus und Matthias Zirvas aus dem Dorf Schutz. Sie waren schon vor etlichen Jahren bei Müller Theisen in Dienst gegangen, und da sie sich fleißig und ehrlich anstellten, erwärmten sie schnell die Herzen von Johann Peter und Catherine. So fügte es sich, dass sie bald wie eigene Söhne in der Mühle ein- und ausgingen. Der jüngere der beiden Brüder, Nikolaus, und Müllerssohn Peter schlossen sogar enge Freundschaft. Ähnliche Neigungen verbanden die beiden und machten sie unzertrennlich. Sie teilten ihre Liebe zur Natur, wanderten stundenlang gemeinsam durch den Wald. „Die mit den Tieren sprechen", spotteten die Leute aus dem Dorf über sie.

Noch als Peter im Fieber sein nahes Ende spürte, muss er seinen Freund Nikolaus gebeten haben, sich der jungen Witwe anzunehmen. Und als der Moment gekommen war, dass Nikolaus sein Versprechen einlöste und bei Johann Peter um die Hand seiner Schwiegertochter anhielt, konnte der trauernde Vater nicht ahnen, dass er mit seiner Zustimmung zu dieser Ehe einen Hass zwischen den Brüdern Zirvas entfachte, der eines Tages in eine Katastrophe führte.

Die Gebrüder Nikolaus und Matthias Zirvas

„Wo warst du wieder? Der Alte hat mir heute Morgen schon sehr früh auf den Füßen gestanden und machte sich am Galgen der Mühlsteine zu schaffen. Ich habe ihn weggescheut. Er zerstört mittlerweile mehr, als er noch richten kann. Aber auf dich warte ich bereits seit Stunden", brummte Matthias Zirvas verärgert, während sein Bruder Nikolaus keuchend und atemlos in die Mahlstube stürzte.

„Ich habe mit dem Weber von der Regsmühle zusammengesessen und gemeinsam haben wir ...“

„Was hast du!? Ich hoffe, du hast ihm nicht zugeflüstert, was wir hier für Probleme haben. Wir brauchen dringend ein Wasserrad direkt am Bach und vor allem unbedingt einen zweiten Mahlgang.“

„Ich habe angesprochen, dass Theisen ihm in der Vergangenheit doch viel geholfen hat und damit versucht, das Band der Zusammenarbeit zwischen seiner Familie und unserer Mühle zu festigen, und vielleicht kann Theisen ja doch noch mal ...“

„Was soll der Schmusekurs beim Weber? Und der alte Narr Theisen kann überhaupt nichts mehr. Der weiß bis heute nicht, dass seinen Freund, Oberamtmann Armbruster schon vor Monaten der Schlag traf. Mit einem schiefen Gesicht ans Bett gefesselt, spuckt der nur noch seinen Speichel, ist nicht mehr in der Lage, eine Silbe von sich zu geben, und seine edle Gräfin, die er immer so verehrte, haben die Franzosen längst außer Landes gejagt. Französische Geldgeier besetzen in Manderscheid stattdessen die Posten. Das alles weiß der Alte nicht. Er versteht es auch nicht.“

„Ja, darüber haben wir auch geredet. Wir wollen uns gegenseitig leben lassen und nicht einander auffressen. Wir haben beide verstanden, dass dieses Volk da oben auf dem Berg uns nichts Gutes will. Wir haben überlegt, dass wir zusammen ...“

„Sag mal, geht's noch? Merkst du überhaupt was? Siehst du nicht, was im Dorf los ist?“, brüllte Matthias ins Wort seines Bruders. „Jeder ist sich gerade selbst der Nächste. Und dann auch noch der Weber. Der lamentiert hinter unserem Rücken, unser Mehl sei schlecht. Es soll zu grob sein, weil uns der zweite Mahlgang fehlt.“

„Ja, darüber habe ich auch mit ihm gesprochen. Wir wollen den zweiten Mahlgang zusammen bauen.“

„Was? Und morgen ist Weihnachten und Ostern zusammen. Du glaubst auch alles, was man dir aufs Brot schmiert. Der Weber hat vor einigen Jahren mit etlichen Talern in Manderscheid den Bau der Bleckhausener Mühle verhindert, damit er mit niemanden teilen muss. Unseren Untergang will der, nichts anderes, und dann unsere Mühle übernehmen. Hier die Quellen am Berg und die wenigen Gebühren für die Wasserrechte, die jucken ihm schon lange in den Fingern. Die ersetzen ihm sogar seinen dritten Mahlgang bei der eigenen Mühle. Dem Aasgeier ist doch jedes Mittel recht, und dafür macht er seine Geldschatulle weit auf. Die Franzosen sollen unseren zweiten Mahlgang verhindern, und du kapierst das nicht. Und wie oft hat dieser Speichellecker Weber dem Verbrecher Nikolai vom Berg schon die Hand geschüttelt?"

„Ich verstehe mich gut mit Hans Bast Nikolai. Noch letztens habe ich ihm einen Branntwein spendiert. Er hat mir versprochen, Weber mit einem seiner Brandbriefe unter Druck zu setzen. Nikolai ist doch ehemaliger Elitesoldat, der kann uns bei den Franzosen helfen. Wir kriegen unseren zweiten Mahlgang."

Matthias schwieg. Innerlich kochte er. Was fruchtete das Gerede? Sein Bruder war immer weltfremd gewesen. Im Dorf tobte ein mächtiger Kampf ums Überleben.

Die Binsenmühle in der Nähe von Deudesfeld war zu weit weg. Sie konnte im Schatten der Dramen am Burberg still ihren Wohlstand entfalten. In die Hinkelsmühle außerhalb des Dorfes in Richtung Niederstadtfeld an der Kleinen Kyll war der Müller Peter Schlaeffer aus Manderscheid eingezogen. Eine stattliche Mühle war diesem Kerl nun zu eigen, trat vielleicht bald in die Fußstapfen der Familie Weber am Fuße des Burbergs. Mit ihrer Regsmühle waren die Webers die Reichsten und mit Abstand die Besten vor Ort und vor allem immer gut dafür, die Fäden bei der Obrigkeit in Manderscheid stets zugunsten eigener Vorteile zu ziehen. Wie oft hatten sie als ehemalige Bannmüller die anderen Müller regelrecht trocken gelegt und mit ihren unsauberen Maßabmessungen bei Schrot und Korn lange Zeit in der Gegend das meiste Geld kassiert.

Aber eines stach Matthias besonders wie ein spitzer Dolch ins

Gemüt. Warum hatte nicht er nach dem Tod von Peter die fesche Eva Mertes heiraten können, sondern sein weichlicher Bruder? Eva wurde nach der Hochzeit mit Peter schnell ein verbriefter Erbanteil an der Rutschmühle zugesprochen. Nun war durch die Heirat dieser Haupterbanteil an der Mühle Nikolaus zugeflogen. Mit welcher Ungerechtigkeit speiste ihn dagegen das Schicksal doch immer wieder ab? Er, Matthias, war doch der Ältere. Er war auch eindeutig der Tüchtigere. Und er war stets derjenige, der sich mit den härtesten Arbeiten an der Mühle plagte. Und sein Bruder? Wie oft fütterte Nikolaus, der Liebling aller, in der Zwischenzeit seine Tiere, tätschelte immer wieder diese Steinmarder, die er, Matthias, so hasste. Oder der Nichtsnutz hatte nichts Besseres zu tun, als mit den anderen Müllern Karten zu dreschen, lungerte sonst im Dorf herum, oder trank Branntwein mit diesen Parasiten vom Berg.

Hans Bast Nikolai hatte nach seinem ersten Besuch auf dem Burberg rasch ein lukratives Geschäft in dem Ort Schutz gewittert. Stehenden Fußes war er in die Gegend hinter den Manderscheider Burgen und auf den Berg zurückgekehrt. Doch nicht allein, denn fortan hauste er dort mit seiner ganzen Gefolgschaft auf der steinernen Lavakuppe. Seitdem brannte Nacht für Nacht ein Lagerfeuer auf dem Plateau der Höhe. Die lodernden Flammen schlugen in zahllosen Nächten hoch in das Sternenmeer. Die Bewohner um die Bäche und den Berg herum begannen, diese tobende Meute hoch droben zu fürchten und dies mit Recht. Denn an jedem neuen Morgen lieferte das Pack vom Berg neue Streiche, die sie nachts ausgeheckt hatten, um die Menschen in den Tälern und insbesondere die Mühlenbetreiber an den Rand der Verzweiflung zu treiben, was ihnen auch gelang. Brandbriefe, an die einzelnen Höfe gerichtet, entfachten mit peinigenden Sticheleien reichlich Intrigen unter den Bewohnern und schafften es, die Müller gegeneinander so auszuspielen, dass ein heftiger Wettbewerb im Dorf ausbrach. Eine Zeit der Zwietracht vergiftete das Klima in der sonst friedlichen Dorfgemeinschaft. Inmitten dieser Unruhen wurde die mittlerweile ungeliebte Catherine jede Nacht von Albträumen geplagt, während die Zwistigkeit beider Brüder allmählich entgleiste.

„Du mit deinem Gerede, wie gut du dich mit diesem Nikolai verstehst. Der ist nichts anderes als eine Zecke!“, brüllte Matthias seinem Bruder ins Gesicht. „Im Dorf dreht er seine Runden, spielt den einen gegen den anderen aus, schwenkt seine Brandbriefe mit einem freundlichen Lächeln und kassiert überall unter dem Deckel von Angst und Schrecken reichlich Louisdore. Er wird Leute so lange auspressen, bis die einen aufgeben und die anderen Müller die verlassenen Mühlen übernehmen. Dann zieht dieser Schmarotzer erneut seine Kreise und hält vor jedem neuen Eigentümer wieder seine Hand auf. Was für ein Karussell von Erpressungen und Raubzügen neben den Tränen der Schwächeren, Gebrochenen und auf der Strecke Gebliebenen. Wann kapierst du das?

Und überhaupt? Hast du dir jetzt endlich einmal überlegt, wie wir uns die Kerle vom Hals halten, damit die uns hier nicht die Hütte abfackeln?“

„Peter und ich haben doch eine kleine Marderfarm aufgebaut. Ein paar von meinen dressierten Kerlchen nehme ich mit auf den Burberg, wenn die wieder – voll wie ein Eimer – um das Lagerfeuer tanzen. Die können diesen lumpigen Haufen da oben doch mal richtig aufmischen.“

„Was für einen verträumten Blödsinn du mal wieder redest. Wenn die dich sehen, ziehen die ihre Büchsen aus dem Gepäck und machen sich einen Spaß daraus, deinen niedlichen Tierchen die kleinen Schwänze zu verkürzen. Was wollen die gegen die Horde ausrichten?“

„Ich habe eine Idee, wie wir dieses Pack vom Berg an die Kandare bekommen.“

„So? Und wie? Ich höre.“

„Ada hat eine Zeichnung gefunden."

„Ada? Was für eine Zeichnung?"

„Die Großväter hier aus dem Dorf behaupten doch immer, unterhalb der Bergkuppe liegt ein Schatz."

„Ja, und?"

„Ada, meine kleine weiße Steinmarderfähe, kletterte mir eines Tages auf den Schoß, trug dabei eine Zeichnung in ihrem Schnäuzchen. Ich sah sie mir an und siehe da, der Burberg mit seinen Umrissen ist darauf fast vollständig abgebildet. Alle Bäche der Umgebung sind sehr gut erkennbar. Überall im Burberg sind kleine Kammern und Räume eingezeichnet. Schau, in diesen Räumen lagert etwas, und es sieht so aus, als seien diese vielen Punkte hier die alten Schätze, nach denen schon lange gesucht wurde. Jetzt bin ich es, der den Stein der Weisen besitzt. Ich bin derjenige, der herausgefunden hat, wo der Schatz vom Burberg steckt.

Damit gehe ich noch heute Nacht rauf zu Nikolai. Ich spreche mit ihm und mache ihm einen Vorschlag. Die da oben buddeln nach dem Schatz. Wir bekommen im Gegenzug einen Anteil daran, und die lassen uns ein für alle Mal in Ruhe. Die belästigen uns nie wieder mit einem Brandbrief. Jetzt sind wir am Zug und bestimmen. Jetzt sag doch mal was Gutes. Wie findest du meine Idee?"

Matthias schwieg betroffen. Warum verwöhnte das Schicksal seinen Bruder Zeit seines Lebens so viel mehr als ihn? Warum wurde der immer mit den hellsten Strahlen der Sonne belohnt, und er stand daneben, hungerte schattenhaft in seiner Einsamkeit vor sich hin? Er war der Ältere von beiden. Als sein Bruder Nikolaus, der nette, niedliche das Licht der Welt erblickte, war alle Aufmerksamkeit der Eltern nur noch diesem süßen Baby zugeflossen. Mit seinem heiteren und einnehmenden Wesen war Nikolaus Zeit seines Lebens immer und überall der Beliebtere gewesen. Schon bald nach dem Tod von Peter war Nikolaus in der Familie Theisen schnell an Peters Platz gerückt. Johann Peter und Catherine behandelten ihn wie ihren eigenen Sohn, und nun war er durch die Ehe mit Eva auch noch ein Anwärter auf einen Erbanteil der Mühle. Und er?

Wer kämpfte seit Jahren dafür, dass die Mühle auf dem weichen Uferboden nicht gänzlich abgesackte, im ewig feuchten Sumpf versank? Die Quellen auf dem ansteigenden Uferstreifen sprudelten zwar emsig, wanderten jedoch durch das Gefälle, zogen durch die Böschung, wie von einem unruhigen Wassergeist getrieben. Wenige Zeit später kleckerte das Wasser nur noch spärlich aus bekannten Grasnarben, während es dann an anderen Stellen durch wucherndes Gebüsch strömte. Immer wieder tat es Not, die Kanäle zu den Teichen umzulegen, die Teiche entsprechend neu auszugraben.

Was für ein ewiger Zirkus. Die launigen Quellen in Schach zu halten, war seit Jahr und Tag eine Schwerstarbeit und ein andauernder Gewaltakt, den Johann Peter bereits seit einiger Zeit nicht mehr sah und um den sich sein geselliger Bruder furchtbar gern drückte. Und nun dieser Fund.

Allen Parteien gegenüber den Spieß umdrehen! Geld! Leichtigkeit! Einfluss! Auftrag an Nikolai, hoher Brandbrief an die Hinkelsmühle! Jetzigen Eigentümer Hinkelsmühle vertreiben!

Er, Matthias, neuer Eigentümer der Hinkelsmühle!

Weber von der Regsmühle endlich die Stirn bieten!

Sein Bruder allein auf der Rutschmühle? Stemmt die ganze Arbeit gar nicht.

Der wahre Schaffer wird erkannt.

Vielleicht gewinnt er doch noch die Zuneigung von Johann Peter und Catherine und er, Matthias, übernimmt die Rutschmühle?

Er, Matthias, auch einmal der Sieger?

Raus aus allen Sorgen?

Gedankenfetzen tobten in Matthias' Kopf. Sein Herz schlug augenblicklich schneller. Dabei verschränkte er seine Hände ineinander und drehte und wendete sie, dass die Knochen knackten. In den kommenden Tagen zählte Matthias die Stunden einzeln. Nachdem zwei Nächte verstrichen waren, hielt er die Spannung nicht mehr aus. Grob packte er seinen Bruder am Hemd.

„Was ist jetzt? Warst du nun oben oder nicht? Du wolltest doch rauf auf den Burberg zu Nikolai? Was hat Nikolai gesagt? Hast du was bei ihm erreicht?"

„Nnn... nein, noch nicht. Es ist ein kleines Malheur passiert."

„Wie jetzt? Malheur? Was für ein Malheur?"

„Nun ja, das wird sich sicher bald aufklären."

„Aufklärung? Welche Aufklärung? Hast du jetzt mit ihm gesprochen oder hast du nicht? Wenn nicht, hol das nach und zwar spätestens in der nächsten Nacht. Hast du gehört?"

Sie standen dicht an dicht ungefähr einen Meter von den Mühlsteinen entfernt. Ein halbes Simmer Mehl war heute noch fertigzustellen. Granit drehte sich unermüdlich und zerrieb die Menge an Korn, die der Trichter im Takt des Wasserzuflusses dem Mahlgang zuführte.

Nikolaus sah sich gezwungen, seinem Bruder in die steingrauen Augen zu blicken, die sich wie sturmverhangene Wolken gerade fast schwarz verfinsterten. Er kannte diese Anzeichen. Sein Bruder stand kurz davor, die Beherrschung zu verlieren. In solchen Momenten war er zu allem fähig. Nikolaus fürchtete sich vor Matthias.

Sein ganzes Leben lang war ihm die Nähe seines älteren Bruders ein Graus gewesen. Schon lange wünschte er sich sehnsüchtigst, ihn abzuschütteln, um endlich ohne ihn ein freies Leben zu führen. Einmal Luft holen, ohne dieses beständige Gefängnis der brüderlichen Missgunst an seiner Seite zu ertragen. Stets war Matthias mit seiner körperlichen Übermacht um ihn herum und hielt ihm die Überlegenheit seiner Größe, seiner Stärke und seines unermüdlichen Arbeitseinsatzes unter die Nase, um ihn vor anderen klein und lächerlich zu machen.

Dabei war er, Nikolaus, derjenige, der durch sein überzeugendes Wesen den anderen Müllern die besten Ideen abstaubte, wo man das geeignete Material zur Erhaltung der Teiche und der Rinnen besorgte. Er war derjenige, der immer dafür sorgte, dass ihnen die Abnehmer für das Mehl nie ausgingen, die Rutschmühle manchmal sogar gegenüber den anderen Mühlen bevorzugt wurde. Die familiäre Verbindung zu Johann Peter und Catherine Theisen und das Vertrauen von beiden ging auf sein Konto. Vorzüge, die sein älterer Bruder selbstverständlich nie anerkannte.

Nikolaus konnte sich nie gegen das Gefühl wehren, sein Bruder gönne ihm nicht das Schwarze unter den Fingernägeln, und nur ein Fingerhut voll seines Unmuts reichte, seinen aufbrausenden Jähzorn zum Rasen zu bringen. Die gestaute Wut in Matthias schaffte es, genug Kraft in seine Hände zu treiben, um ihn, Nikolaus, umzubringen. Das stets heitere Gemüt von Nikolaus war plötzlich überschattet von einer tiefen Besorgnis. Denn er befand sich gerade in der Patsche, und damit brannte in ihm die Frage, wie er sich aus dieser wohl befreien könnte.

Nikolaus Zirvas, sein Marder und das Pack vom Burberg

Nikolaus hatte tatsächlich eine Nacht zuvor all seinen Mut zusammengerafft. Mit einer Fackel in der Hand und Blei in den Füßen, wie er es fühlte, war er mit seiner weißen Steinmarderfähe Ada im Nacken durch das Schwarz der Nacht hinauf zum Burberg geschlichen. Sein Rücken hatte sich bei jedem Schritt gekrümmt, als trüge er eine kaum erträgliche Last im Gepäck, während er gegen seine Furcht ankämpfte und den Pfad tapfer aufwärts marschierte.

Schon von weitem drangen die wenig vertrauenerweckenden Stimmen von Nikolais Konsorten an seine Ohren. Sie grölten wenig verständliches Liedgut und kaum Melodisches weit in die Nacht hinein, waren wie so oft am späteren Abend reichlich angetrunken. Ihr Lagerfeuer knisterte und knackte. Sein Ansinnen war, sich der Gruppe durch langsames Heranpirschen zu nähern. Mit seinem unerwarteten Auftauchen wollte er sie überraschen, diese Verblüffung ausnutzen, um dann mit dem Auftreten eines Siegers das Gespräch überlegen zu beherrschen. Doch Unauffälligkeit war Nikolaus' Stärke nie gewesen.

„Ei, was haben wir denn hier? Was bist du denn für ein schmuckes Kerlchen? Bist du nicht einer von der Rutschmühle? Was willst du hier bei uns? Willst uns was vorbeibringen? Das hatten wir mit euch doch schon verabredet. Gut, du erinnerst dich. Na, was hast du uns von deinem schönen Mühlchen Hübsches mitgebracht? Lass mal sehen!"

Trotz ihres Zustandes hatten die Burschen Nikolaus bereits schon von weitem entdeckt, bevor er die Kuppe überhaupt erreichen konnte. Die Kerle hatten auf ihn gezeigt, waren ihm entgegengetorkelt. Sie hatten ihn an seinem Hemd gepackt, hoch gehoben und ihn, seine Füße dicht über den Boden schleifend, nah an das lodernde Feuer geschleppt.

Dort stellten sie Nikolaus auf seine schwankenden Beine. Ada verharrte immer noch auf seiner Schulter. Sie hatte sich trotz der wenig sanften Bewegungen nicht von ihrer Position auf der Schulter ihres Herrchens abschütteln lassen.

Nikolaus spürte, wie die Hitze der Flammen ihm fast das Gesicht versengte. Dabei entging ihm, Adas einzigartigen Auftritt zu beobachten. Langsam erhob sich das weiße Marderweibchen. Es stand bald aufrecht auf seinen Hinterläufen und hielt eine Zeichnung wie einen übergroßen Lappen in dem Raubtiergebiss festgeklemmt.

Nikolaus dagegen blickte dicht am Feuer nur in eine undeutliche Anzahl von aufgedunsenen Mienen. Er bemerkte nur kurz den sanften Schmerz eines kleinen Kratzers auf seiner Schulter. Danach hatte Ada zu einem gewaltigen Sprung angesetzt und war mit einem weiten Satz mit der Beute aus Papier zwischen den langen Vorderzähnen raschelnd im Gebüsch verschwunden.

Dann begannen für Nikolaus Augenblicke, die ihn nur noch das Fürchten lehrten. Die Meute schubste ihn hin und her. Er stürzte, fiel nur ganz knapp neben das Lagerfeuer, brennende Funken flogen ihm ins Haar, er roch, wie das Feuer einige Haarsträhnen verbrannte, er schrie.

„Stopp“, Hans Bast Nikolai griff ein. „Lasst ihn in Ruhe! Was willst du? Warum bist du hier?“

„Ich ...“

„Dein Marder, was war das für ein Stück Papier, das dein Vieh da zwischen den Zähnen hielt?“

„Ich ...“

„Los, sag jetzt!“

Nikolaus wurde erneut zu Boden gestoßen. Er sah von unten verbeulte Stiefel und jede Menge schlechte Zähne in einem Meer von hämischen Visagen. Gelächter drang ihm bis ins Mark.

„Moment, das interessiert euch nicht ... das ist mein ...“

„Los, sag das jetzt! Was hattest du dabei? Was war das für ein Stück Papier? Warum wolltest du uns das zeigen?“

Nikolaus hatte einen wesentlichen Fehler begangen, so stellte er in diesem Moment fest, als er seinem unerbittlichen Bruder gegenüberstand, ihm Rede und Antwort zu stehen hatte.

Zuvor hatte er tagelang die Zeichnung in seiner Hosentasche spazieren getragen und sich dabei überlegt, wo er sie wohl am besten aufbewahrte. Eine sinnvolle Idee fehlte ihm, wo er die Zeichnung am besten verstecken könnte, ohne dass sein Bruder sie fand und behielt. Es war ihm dann am sichersten, sie direkt am Körper zu tragen. So trug er sie auch bei sich, als er sich auf den Weg zum Burberg machte. Und seine Steinmarderfähe Ada: Als ob sie seine bedrohliche Lage auf dem Berg erkannte hätte, hatte Ada das Papier geschnappt und war damit in die Wildnis verschwunden. Und nun sollte ihm, Nikolaus, der Verlust dieser Karte bald im wahrsten Sinne des Wortes das Genick brechen.

„Das war gar nichts, es war nur ein ..."

„Los, sprich!"

In dieser Nacht hatte die Horde ihn ein paar Mal kräftig an den Haaren gezogen, ihn zu Boden geschleudert und ihn dann missachtet, weil sie weiter nichts mit ihm anfangen konnte. Und nun, einen Tag später, blickte Nikolaus in die Miene seines Bruders, die frostiger nicht sein konnte. Die Folter der letzten Nacht auf dem Burberg setzte sich in dem Gespräch mit seinem Bruder fort.

„Ich ... kann nicht noch einmal auf den Burberg gehen. Meine Zeichnung ist weg. Ich ha... ha... habe sie im Moment nicht. Ada ist mit ihr im Gebüsch verschwunden. Sie ist seitdem irgendwo da draußen. Sie hält die Zeichnung bestimmt in ihrem Bau verborgen. Aber Ada taucht sicher bald wieder auf. Ich schwöre es. Vielleicht trägt mein liebes Tier das Papier bald wieder in ihrem Schnäuzchen, lässt es vor mir fallen!", lachte Nikolaus unbeholfen.

„Was? Dieser Rotz aus dem Wald hat dir die Zeichnung geklaut und ist damit auf und davon? Was für ein Märchen tischst du mir jetzt auf? Du willst den Schatz nur für dich behalten, das ist es."

Jetzt geschah etwas, an das Matthias sich später nie mehr erinnerte, das er fortan nur noch als ein schwarzes Loch von Zeitlosigkeit fühlte. Hände und Arme lebten in diesem Moment eine eigenmächtige Wut aus, völlig ungebremst. Mit einem Ruck fuhren sie hoch und versetzten Nikolaus einen derart gewaltigen Stoß, dass er rückwärts flog und stürzte.

Im Bruchteil einer Sekunde stieß er mit seinem Hinterkopf auf die Kante des Läufersteins. Blut trat aus der aufgeschlagenen Wunde und floss in Strömen über die Reibefläche zwischen Läufer- und Bodenstein. Frisch gemahlenes Schrot und Korn verfärbte sich augenblicklich rot und verwandelte sich in einen schlammigen Brei.

Der Legende nach hatte Matthias sodann nicht lange überlegt. Eine alte Schürze musste das allerschlimmste Bad von Blut verhindern. Matthias griff nach ihr, die er in einer Ecke entdeckte, riss sie vom Haken und wickelte sie um den Kopf seines Bruders. Dabei bemerkte er nicht, dass sein Bruder Nikolaus in diesem Augenblick noch einmal seine Lider öffnete. Sein letzter Blick ruhte unbewegt und staunend auf Matthias, bevor sein frisch umwickelter Kopf zur Seite sackte, seine Augenlider sich langsam senkten.

Matthias' Gedanken kreisten. Er musste alles dafür tun, seine Tat zu verbergen. Er zögerte nicht lange und steckte Nikolaus in einen Leinensack. Dabei band er ein Seil um die Füße seines Bruders und hievte den Leblosen auf ein Pferd. Eine Schlucht zwischen dem Burberg und dem Wallmersbach unweit der Rutschmühle sollte zum Ort seines unchristlichen Begräbnisses werden.

Aber die stille Beseitigung von Nikolaus' Körper sollte keinesfalls ohne einen Zwischenfall verlaufen. „Auch das noch!" Matthias traute seinen Augen nicht, als kurz vor seinem Ziel Eva Mertes von einem Besuch bei ihren Eltern kommend vor ihm stoppte. Blut schoss in ihre Wangen. Ihr Herz schlug bis zum Hals, als sie die Füße erkannte, die aus dem Sack herausragten. Matthias zerrte Spaten und Kreuzhacke vom Sattel, warf beides in einem hohen Bogen auf den Waldboden Eva knapp vor die Füße.

„Schwör, dass wir uns hier nie getroffen haben, hörst du? Wenn du auch nur irgendjemandem was verrätst, ergeht es dir genauso", drohte Matthias der jungen Frau. Seine Augen funkelten gefährlich, sein rechter Zeigefinger war spitz in die Höhe gereckt. Kurz darauf raffte er sein Werkzeug zusammen und zog weiter seines schaurigen Weges. Danach achtete Matthias nicht mehr auf die junge

Frau, die kurz darauf derart das Entsetzen packte, dass sie in eine lange und tiefe Ohnmacht fiel.

Allerdings hat die Legende nie ein Wort darüber verloren, dass Matthias nach diesem Vorfall ein paar Tage später in der Mühle Besuch bekam.

Hans Bast Nikolai öffnete die Tür. Auf das Anklopfen hatte er verzichtet. So stand er im Raum, unterbrach Matthias unerwartet bei seiner Arbeit. Der war gerade dabei, den Mehlkasten zu leeren. Matthias sah sich gezwungen, seinen Kopf zu heben.

Hans Bast griff mit der rechten Hand an einen Galgen der Mühlsteine, schaute auf das gebogene Eisen und fuhr mit seiner rechten Hand auf diesem auf und nieder. Er ließ sich Zeit mit dieser Streicheleinheit, bevor er dann seine Augen mit voller Aufmerksamkeit auf Matthias richtete.

„Wir wissen, dass du deinen Bruder umgebracht hast. Und jetzt? Wie lebt es sich damit? Und vor allem, mein Lieber: Wie und mit welchen Worten hast du es Johann Peter und seiner armen Catherine zugeflüstert, dass ihr geliebter Nikolaus nun für immer entschwunden ist, mit seiner Heiterkeit dieses Haus nie wieder beleben wird? Hocken die beiden nicht schlotternd vor Angst für immer und ewig auf dem Dachboden? Na, das hast du gut hinbekommen."

Die Nasenflügel von Hans Bast stießen geräuschvoll Luft aus. Seine vollen Lippen waren faltig zusammengezogen und seine Augen zu schmalen Schlitzen verengt. So blickte er unbewegt auf Matthias, als wartete er auf eine Antwort, bis er dann unvermittelt weitersprach.

„Es ist ein paar Tage her. Da hat uns dein kleiner Bruder nachts auf dem Burberg mit seinem Marderweibchen aufgesucht. Tapfer musste er sich zwischen meinen Männern schlagen. Die wollten natürlich wissen, was er bei uns suchte. Nun, da haben wir ihm schon ein bisschen eingeheizt und sein Gesicht ein wenig über unser Lagerfeuer gehalten. Dann kam er ins Plaudern. Er hat uns von dir erzählt und mit klappernden Zähnen davon berichtet, dass er Angst vor dir hat, weil du ihn immerzu beneidest, ihm sogar den Tod wünschst, alles daransetzt, ihn unter Druck zu setzen. Auch bist du davon überzeugt, dass wir mit Brandbriefen hier die ganze Gegend traktieren, die Müller und ihre Existenz zerstören. Tttt", schnalzte Hans Bast Nikolai mit der Zunge. „So böse sind wir doch gar nicht. Wir verteilen doch nur ein wenig um von reich zu arm in diesen unruhigen Zeiten. Das ist doch etwas Gutes, meinst du nicht auch?"

Nikolai durchschritt die Mühle mit gemessenen Schritten. Er sah sich ausgiebig um, als sei er auf der Suche nach einem verlorenen Gegenstand. Seine Finger berührten das Kammrad, öffneten den Kleiekasten. Nach einem langen und ausgiebigen Blick in seinen Inhalt, schloss Nikolai ihn wieder mit sachten Bewegungen. Mit einem Ruck drehte sich der Besucher zu Matthias um.

„Im Übrigen, mein Lieber, was hast du dir dabei gedacht, die Eva Mertes mit deiner Drohung so einzuschüchtern? Lange hat das zarte Wesen auf dem Waldboden gelegen. Wildschweine schnupperten schon an ihrem Busen, hätten wir ihr nicht, ehrenvoll, wie wir sind, wieder auf die Beine geholfen."

Nikolais rechte Hand fuhr an der Holzgosse entlang.

„Wie du siehst, deine Tat blieb nicht ungesehen. Denn auch wir waren nicht weit entfernt, beobachteten, wie du fleißig in der Wolfsschlucht schaufeltest, redlich darum bemüht warst, deinen Bruder in einer Felsspalte zu versenken. Was glaubst du, wer bald darauf nach dieser Beerdigung ohne würdigen Beistand deinem Bruder noch die letzte Ehre erwies? Hm, eine Idee? Nein? Stell dir vor: Das Marderweibchen kam des Weges gehuscht! Und da wir wissbegierige Menschen sind, schauten wir zu, was den Nager in seinem Eifer antrieb. Es war ein Geschenk, welches die Fähe deinem Bruder für seine letzte Ruhe in sein Grab niederlegte. Was glaubst du, was es war? Hier!"

Hans Bast zückte aus einer Innentasche seines Rockes eine vergilbte Zeichnung, streckte sie Matthias direkt unter die Nase.

„Ist es nicht das, was du wolltest? Ein Stück halb zerfetztes Papier mit Aufzeichnungen über die Schächte des Burberges? Nein, nein, nein, Matthias, Finger weg! Wir behalten es natürlich und schauen, ob hier wirklich der so begehrte Schatz schlummert. Ach, damit du es weißt. Es war die Marderin, die dafür sorgte, dass dieses Pergament wieder auftauchte. Sie scharrte so lange, bis ihr Näschen die Leiche deines Bruders roch. Sacht legte sie die Zeichnung mit ihrem feinen Gebiss oben auf den groben Sack. Und dann scharrte das fleißige Tier das Grab wieder zu. Es war dein Ansinnen, mit dieser Zeichnung und dem Schatz das Dorf und seine Mühlen zu beherrschen. Du denkst, es wäre dieses Stück Pergament, das dich hätte retten können, damit wir eure Mühle hier nicht in Schutt und Asche legen. Das, mein Lieber, brauchen wir nicht mehr. Diese Mühle wird weder dir noch je einem anderen Müller Freude bereiten, und deine Tat wird dich dein Leben lang verfolgen, dafür sorgt schon allein das Marderweibchen. Das, mein Wertester, verspreche ich dir."

Hans Bast Nikolai stand vor Matthias mit endlos langen und schlanken Beinen. Sein Schritt war leicht gespreizt. Seine dunklen, mandelförmigen Augen glühten wie Kohlen. Sein Blick sprühte nur so vor Verachtung. Dann tippte der Hüne mit knapper Bewegung an seinen Dreispitz und öffnete die Tür. Matthias sah noch einen breiten Rücken, als gleichzeitig die Nachmittagssonne für Augenblicke die Mahlbühne und das Lichtwerk dunkelgolden anstrahlte. Fast geräuschlos schloss sich die Tür, verbannte die kupfernen Sonnenstrahlen wieder aus dem kurz ausgeleuchteten Raum, und der Reiter verschwand so unauffällig, wie er gekommen war.

Niemand hat je davon erfahren, ob Hans Bast Nikolais Verheißung sich erfüllte und wie viele Schwärme von Mardern Matthias nachts oder in Stunden der Dämmerung eitrige Bisswunden zufügten, ihm fortan das Leben in eine Hölle verwandelten. Irgendwann, so hieß es, hätte Matthias den Tod seines Bruders doch der Gemeinde gemeldet. Er selber wäre einige Zeit danach bei Nacht und Nebel in ein fremdes Land verschwunden. Aber Genaueres zu berichten wusste keiner.

Lediglich der Müller Weber von der Regsmühle traute sich Jahre später, in der Rutschmühle sein Korn zu mahlen. Jedoch war sein Arbeitseinsatz dort nicht von langer Dauer gewesen. Zum einen hätte das Mühlrad derart unerträglich laut gerauscht, dass seine Ohren dröhnten und er einen längeren Aufenthalt nicht aushielt. Zum anderen war er von einer Erscheinung überrascht worden, die ihm fast den Verstand gekostet hätte. Erst viele Jahre später, als für den Müller Weber das letzte Stündlein schlug, fiel ihm ein, über dieses Geschehnis doch ein paar letzte Worte zu verlieren.

Ein weißes übernatürlich stattliches Marderweibchen soll in dem Moment auf dem Mühlrad erschienen sein, als er gerade dabei war, sein Korn in den Trichter zu füllen. Mit einer Flinte in der Hand hatte Weber wohl beabsichtigt, seinen Mahlgang zu verteidigen. Doch anstatt mit einem Schuss den übergewichtigen Nager von dem Schaufelrad zu verscheuchen, löste sich das Tier in ein Blitzgewitter von tausend Lichtern auf. Geblendet von dieser völlig unerwarteten Helligkeit, hatte Weber nur noch seine Hände schützend vor die Augen gehalten. Denn dann geschah etwas, was selbst den nervenstarken Weber beinahe um seinen Verstand brachte. Eine Gestalt löste sich aus diesem Funkenregen. Sie bewegte sich auf Weber zu und streckte ihre Arme nach ihm aus. Weber hatte gar keine Zeit, vor Schreck zu erstarren. Denn er erkannte Nikolaus, der sich in diesem schleierhaften Dunst bewegte und sich ihm wabernd näherte.

Bleichgesichtig und fast einer Herzschwäche erlegen, war Weber anschließend, so schnell seine Füße ihn tragen konnten, den Weg zurück zu seiner Regsmühle geeilt. Trotz seiner Beherztheit hätte ihm nie mehr der Sinn danach gestanden, diese Erscheinung je wieder herauszufordern. An der Stelle, wo das Rad der Rutschmühle früher sein Wasser schaufelte, rausche es besonders laut und aufdringlich, so hieß es später. Der Zahn der Zeit nagte fortan kräftig an dem Gemäuer, das von den Menschen gemieden wurde, so dass es nach und nach verfiel.

Und heute: immer noch Wanderer auf dem Burberg?

Was sagen die Menschen von Schutz Jahrhunderte später zu dieser Legende vergessener Tage?

Nun, die Dinge, die aktuell Geschichte schreiben, werden schon lange in andere Rahmen eingefügt.

„Wir haben einen Mann hier vor Ort, den sie den Verrückten nennen", heißt es ganz nebenbei in Gesprächen über das Dorf, seine Menschen und den Burberg.

„Wir kennen ihn und es ist bekannt, dass er krank ist. Er wohnt da vorne in dem Haus neben der ehemaligen Regsmühle. Man munkelt, er sei schizophren. Gott, so lange er seine Tabletten nimmt, ist er ganz harmlos. Aber ehrlich gesagt, im Mondschein begegnen möchte ich dem nicht."

So, so, doch was geschieht, wenn sich die Harmlosigkeit tatsächlich einmal eine Pause gönnt? Auch heißt es unter der Hand, es seien immer wieder schillernde Vögel auf dem Burberg unterwegs, wohl wieder einmal Schatzsucher, die auf den Gipfel schleichen und zwischen den Spalten der Gesteinsriesen ihr Glück versuchen. Wer ist nun wirklich gewappnet, diesen Unfug zu verhindern?

Dennoch, ein Schatten wurde letztens nach Sonnenuntergang im Wald zum Burberg hinauf gesichtet. Eine Gestalt schlich in kaum wahrnehmbaren Schritten den Weg aufwärts. Das Licht des zunehmenden Halbmondes hatte an diesem Abend mit einer besonderen Helligkeit die Säume des Weges beleuchtet. Ein wenig von diesem gleißenden Licht sei auf die Schulter des Wanderers gefallen, hätte das weißsilberne, dichte Haar dieses Greisen aufblitzen lassen. Etwas bewegte sich auf der Schulter dieses abendlichen Spaziergängers. Es war ein lebendes Fell gewesen mit einer langen und buschigen Rute, welche den leicht gekrümmten Rücken des Mannes sacht abtastete. Ein weißes Marderweibchen schnupperte mit zarten Luftzügen im Nacken seines Trägers, schmiegte sich um seinen Hals wie ein Pelzkragen. Hin und wieder schaute sich das Tier um. Es warf immer wieder Blicke auf den Pfad, den Mensch und Marder bereits geschritten waren und es schien, als ob das Tier diesem Alten immer wieder leise zuflüsterte, ob ihnen wohl jemand folge.

Der Blutrausch von Enkirch

Als es der Schöpfung eines Tages in den Sinn kam, einem weiteren Ort an der Mosel ihre Gunst zu erweisen, fiel ihr Blick auf eine besondere Lage kurz vor einer der vielen engen Schlaufen des Flusses. Fünf Täler schmiegten sich hier an die üppig bewaldeten Höhen des Hunsrücks, als flössen sie nahezu abwärts der Mosel entgegen. Bäche stürzten sich über felsige, schroffe Klippen von der Höhe herab und fluteten die Natur mit ihren prallen Wassermassen. Eine dichte Flora und Fauna mit reichlich Rot- und Schwarzwild sowie vor Gesundheit strotzende Buchen- und Eichenwälder mochten hier gut gedeihen.

Selbst Bacchus, der Gott des Weines, hatte dieses Fleckchen Erde schon geliebt und sich heimlich unter den Blättern der Reben eingenistet. Dort schmatzte der Genießer frohlockend und mit geschlossenen Lidern die Trauben seines Lieblingsrieslings, wenn diese ihm einmal wieder auf der Zunge zergingen. Denn der Erbauer der Welt hatte es nicht versäumt, an den steil aufragenden Hängen dieses Ortes filigrane und fruchtige Spitzengewächse für edle Weine wachsen zu lassen. Genährt wurden diese steilen Hänge in Südlage auch noch von reinstem Devonschiefer am Boden, der die benötigte Feuchtigkeit speicherte.

Eine Ansiedlung mit dem Namen Anchiriacum (später Enkirch) war längst entstanden. Möglicherweise hatte den Enkirchern ihr Stolz schon früh im Blut gelegen. Denn sie schmückten die Fassaden ihrer Häuser aus rheinisch-moselländischem Fachwerk mit reichlich Schnitzkunst. Auch scheuten sie keine Mühe, ihre Gassen mit mächtigen Quadersteinen zu pflastern, die zuvor als Gesteinsriesen mit viel Aufwand vom Grund der Mosel geborgen wurden.

Im Ort blühte und gedieh der Wohlstand, und den größten Anteil daran erbrachten eindeutig die Mühlen. Begnadet mit einem stattlichen Bestand an Walnussbäumen an den Ufern der meisten Bäche, pressten die Mühlen am Groß- und Ahringsbach und an den zahlreichen Zubächen nicht nur das weit und breit beste Öl. Mit ihrem Mahlwerk waren die Müller auch in der Lage, ihre Mahlgäste mit feinstem Mehl zu versorgen. So schwelgten die heimischen Müller mit rosig gerundeten Wangen in der Glanzzeit ihres Erfolgs, und die Enkircher hatten es zu reichlich Ansehen geschafft.

Doch eines Tages ereignete sich in diese Zeit des ertragreichen Gelingens hinein ein unbeschreibliches Vorkommnis, welches den Beobachtern den Atem nahm und sie vor Furcht zum Schlottern brachte.

Es war ein Blutrausch, welcher eine der ertragreichsten Mühlen in einen üblen Unrat zog und den ganzen Ort auf ungeheuerliche Weise erschütterte.

Bahnen von Blut strömten plötzlich unaufhaltsam durch die Gassen des Städtchens, als hätte eine fahrbare Metzgerei gerade ihr unsauberes Handwerk bewiesen. Dieses Blut sprudelte aus dem Nebengebäude der Gemeindemühle, welche eigentlich für ihr redliches Handwerk bekannt war. Panik machte sich unter den Menschen breit, und sie sperrten sich rasch in ihre Kammern ein. Mit bebenden Lippen sandten sie Stoßgebete zum Allmächtigen, denn sie befürchteten, er habe sie verlassen und stattdessen dem knochigen, willfährigen Griff eines rachsüchtigen Satans überlassen.

„Hier ist ein Bündnis mit dem Teufel im Spiel und dies ist das Zeichen. Der Tod hat den Saft Lebendiger aus ihren sündigen Körpern gepresst. Bald geht es uns allen genauso, wenn nicht mehr Demut in unsere Häuser einzieht. Wir müssen uns wieder auf die Gnade des Herrn besinnen!“, wimmerte es überall ängstlich in den Stuben des Ortes. Eine besonnene Seele des Überlegens und des Abwägens fehlte allerdings in diesen Tagen zwischen den Zitternden. Auch fehlte insbesondere eine Lupe mit einem ruhigen Auge, um die Machenschaften der Mühlen mit- und untereinander zu durchblicken. So übersahen die Stadtväter zunächst, dass der wahre Grund für dieses blutrünstige Durcheinander woanders zu suchen war, nämlich eindeutig auf der linken Seite der Mosel.

Denn in Wahrheit gab es durchaus einen Bekenner aus Fleisch und Blut für dieses unappetitliche Spektakel. Der Grobschmied Hans Bast Nikolai und ein enges Mitglied seiner räudigen Gefolgschaft namens Christian hatten es auf eine der ergiebigsten Mühlen von Enkirch abgesehen. Sie brannten förmlich danach, diese Mühle in Besitz zu nehmen. Doch am Ende gelangen die Pläne der Räuber nicht so, wie von den beiden ausgedacht. Aus Rache wurde ein kräftiger Fluch ausgestoßen.

„Schluss mit diesem Gesülze von heiler Welt, Sittsamkeit und Fleiß dieser feinen Enkircher. Im Grunde sind diese ehrenhaften Bürger genauso von Berechnung getrieben, wie wir es von unserer adeligen Obrigkeit nicht anders kennen", tobte jener Schrittmacher von Protest und Widerstand vor sich hin, kurz bevor er seine Verwünschungen ausstieß. Bald darauf beobachtete der Fluchende von Ferne nicht nur mit Häme das Beben, welches sich anschließend in Enkirch abspielte, sondern er schrieb sich jene Wirkung selbstverständlich still und leise auf die eigene Fahne.

Christian Hochscheid

Als Christoph Hochscheid (später in Christian Hochscheid umbenannt) im Jahr 1766 in Höllenthal bei Reil an der Mosel das Licht der Welt erblickte, hätten die Sterne seinen Eltern wohl nie verraten, dass für diesen Jungen nur ein kurzes Gastspiel auf Erden geplant war.

Nur knapp zwei Jahre vor seiner Geburt hatte Vater Heinrich Hochscheid mit der gerade frisch angetrauten Anna Maria sein neues Heim auf der beschaulichen Reiler Mühle bezogen. Heinrich war ganz gerührt beim ersten Anblick dieser Mühle, als er nur ein paar Meter hinter dem Gemäuer das prächtigste Gefälle entdeckte, welches der Alfbach weit und breit zu bieten hatte.

„Heidenei“, brummelte er freudig in seinen üppigen Rauschebart, „welch lebendiger Wassersturm braust hier in mein oberschlägiges Rad. Das Leben kann doch so wunderbar sein.“

Die Mosel, das Örtchen Reil und einige gesunde Höfe, nur ein paar Laufschritte entfernt, erblickte sein waches Auge gleich mit.

Drei Jahre hatte Vater Heinrich gelernt, wie die Zunft es vorschrieb, und eine Wanderschaft im Anschluss daran ebenso nicht gescheut. Das innere Getriebe vieler Mühlen kannte er in- und auswendig, besser noch als seine eigene Hosentasche, wie er selbst immer gern behauptete.

Die Reiler Mühle war die kleinste unter den drei Mühlen in der unmittelbaren Nachbarschaft. „Das tut nichts zur Sache“, dachte Heinrich, wann immer er auf ihre Mauern blickte. „Klein aber fein soll ihre Vermahlung das beste Mehl hergeben. Selbst die zunfttreuesten Müller wagen von meinem Mehl nur zu träumen, rennen mir die Türen ein, um mit langen Blicken auf mein Handwerk zu schielen“, schwebte Heinrich auf den luftigen Wolken seines Könnens.

Abends warf sein Heim Schatten auf eine lauschige Wiese mit genügend Platz für einen Teich, um das stets reichlich rauschende Wasser an der nahen Biegung aufzufangen. Prächtige Apfelbäume blühten im Frühjahr, und im Frühherbst schüttelten weite Zweige bei jedem Zug ziehender Winde eine Fülle von Früchten in das lockend sattgrüne Gras.

Doch dieses idyllische Glück war Heinrich nicht lange gewogen. Denn mit der wachsenden Üppigkeit der wohlschmeckenden Früchte aus seinem Garten gedieh bald auch sein Ärger. Schuld an seiner wachsenden Betrübnis waren die Vereinbarungen mit der Obrigkeit seines Bezirks. Eine hochtrabende Zuversicht, was er alles schaffen mochte, hatte Heinrich bei der Übernahme der Mühle zu einer zu kessen Lippe verleitet. Diese hatte ihn dann dazu beflügelt, Abgaben zuzustimmen, die er, wie sich im Laufe der folgenden Jahre herausstellte, gar nicht erfüllen konnte.

„Du weißt schon, dass du deine Mühle so zu führen hast, dass sie ihr Wassergeld erbringt. Acht Reichstaler pro Vierteljahr hatten wir ausgemacht und du schuldest uns noch drei vom letzten. Und nun willst du einen Aufschub für die nächsten Monate? Gleichzeitig redest du von einer Belehnung für eine Erbpacht. Bringe das ausgemachte Wassergeld und wir unterhalten uns neu“, so die Worte von Amtskellner Franzen, während der mit seinen pompösen Ringen an dicklichen Schwellfingern spielte.

„Ich bin ein Idiot gewesen“, fluchte Heinrich innerlich über sein einstiges Trompeten, die geforderte Abgabe locker mit einem Gewinnerlächeln abzuliefern und dabei noch ganz nebenbei seine Familie zu ernähren. „Ich hätte abwarten sollen, Vorsicht hätte mein Gemüt warnen müssen, meine Mahlgäste allmählich auf meinen Fleiß vorbereiten, um sie so mit dem besten Mehl der Gegend zu überraschen. Dann hätte ich jetzt nicht diese Forderungen am Hals.“

Doch dann musste Heinrich beim ersten Betreiben seiner Mühle schmerzlich erkennen: „Das sind ja Juffern“, fluchte er. Offensichtlich wurde bei der Herstellung seiner Mühlsteine Schindluder getrieben. Die Dicke der Steine entsprach nicht dem Verhältnis ihres Durchmessers. Aber damit nicht genug: Ihr Material war zu weich, das Steinauge zu eng, der Schluck zur Vorverkleinerung des Mahlgutes viel zu weit und alle Furchen zur Zermahlung von Schrot und Korn nie geschärft genug.

Mit ernster Miene und einem Stein im Magen wiederholte Heinrich mehrfach die Mahlgänge. Der galgenförmige Kran wurde zu häufig in seinem Schraubgewinde bewegt, seine Mechanik ließ nach. Ein kompletter Austausch war viel zu aufwendig und zudem mit Ausgaben verbunden, mit denen Heinrich gar nicht gerechnet hatte.

Zuerst waren es seine Weisheitszähne, die Heinrich schmerzten, wenn seine Arbeit zu viel Zeit und Kraft kostete, gleichzeitig zu wenig Ausbeute an Schrot und Korn erbrachte.

Sein Ehrgeiz erlitt einen herben Verlust. Kleinlaut war er nun gezwungen, seinen Bäckern zu beichten, warum sie auf das besonders feine Mehl verzichten mussten, welches er ihnen doch hoch und heilig versprochen hatte.

Die Treue seiner Mahlgäste ließ nach und Franzen wälzte sich in einem Wenn und Aber, wann immer Heinrich bei ihm anklopfte, ihm die angestrebte Belehnung auszustellen. Als nächstes rebellierten Heinrichs Gallensteine. Und so geschah, was eines Tages geschehen musste.

„Na, mein treuer Freund, wie sieht es aus?", begann Franzen wieder mit seiner üblichen Dehnung zwischen den Wörtern. „Was ist mit der Abgabe, hm? Für heute hast du sie uns fest zugesagt, hm? Wenn du nicht in der Lage bist, den Zaster auf den Tisch zu legen, wie willst du die Mühle erneuern und sie verschönern?"

„Mühle erneuern und verschönern?", murmelte Heinrich tonlos.

„Ach, sag bloß, das ist dir völlig neu? Du kennst doch unseren Grafen von Sponheim, und wie er sein Alfbachtal liebt. Aus diesem Grund erließ er schon vor vielen Jahren die Auflage, dass alle tätigen Mühlen alle 24 Jahre von Grund auf zu überholen sind. Dazu zählen zum Beispiel die Anschaffung neuer Mühlsteine und ein Austausch des gesamten konzentrischen Getriebes. Laut meinen Unterlagen ist die Reiler Mühle mehr als reif dafür. Tja, ja, mein Lieber, was glaubst du denn eigentlich, warum dein Vorgänger Hals über Kopf und bei Nacht und Nebel das Weite gesucht hat, hm? Die Höfe von Reil flüstern es von ihren Dächern. Das Gewinde deines Schwenkkrans soll langsam zerfallen ... nichts für ungut, mein Lieber. Weißt du, du magst ein selten guter Müller sein, aber mir stehen einige andere Müller auf den Füßen. Die wollen deinen Betrieb liebend gern übernehmen. Und nun, mein treuer Freund, beantworte mir doch nur die eine Frage: Hast du das Geld für diese Erneuerung?"

Franzen hatte schon immer einen schiefen Mund besessen, der ihm auf dem Gesicht lag wie ein Schraubhaken und der ihn wohl kaum in die Welt der männlichen Schönheiten einreihte. Seine letzte Frage schien er offensichtlich sehr zu genießen. Gleichzeitig traten seine Augen vor. Sie schwammen förmlich Momente lang auf einem Film von Feuchtigkeit. Er sah aus wie ein Rindvieh kurz vor der Schlachtung. Heinrich übersah sein Äußeres. Stattdessen spürte er nicht nur ein wildes Glühen in seinem ganzen Kiefer, sondern auch eine Übelkeit, die mit Wucht seine Gedärme umdrehte und, wie er empfand, langsam zum Aufsteigen brachte. Heinrich fühlte, wie ihm seine Sinne schwanden und dieses möglicherweise für immer.

Johann Schiffmann von der Rivemonder Mühle

Unweit der Reiler Mühle, am unteren Lauf des Alfbaches gelegen, gab es die Rivemonder Mühle und mit dieser einen Nachbarn, der Zeit seines Lebens ebenso gewaltige Probleme mit seinem Mundwerk hatte. Allerdings aus anderen Gründen, nämlich weil er dieses nie drosseln konnte oder je wollte. Johann Schiffmann, später Tuchhannes genannt und in den kommenden Jahren legendär für seine Neigung zu Wutausbrüchen und Gewalt, war stets bekannt dafür gewesen, rebellierende Botschaften in die Welt zu posaunen. Dabei scherte er sich selten darum, ob Zeitgenossen diese nun hören wollten oder nur genervt die Augen verdrehten.

Als ältester Sohn des Müllers Christian Schiffmann war Johann auf der Rivemonder Mühle, nur ein paar Katzensprünge von der Reiler Mühle entfernt, in Christian Hochscheids direkter Nachbarschaft aufgewachsen.

Vater und Mutter Schiffmann hatten die Rivemonder Mühle im Jahr 1770 vom Müller Peter Kolff und seiner Familie übernommen. „Wir gehen auf die Udiger Mühle", hatte zuvor Kolff sein Gewerk verabschiedet, „mit dem Amtskellner da kann man wenigstens reden. Mit dem Franzen hier gibt es ja doch keine Banngerechtigkeit und die zu starke Konkurrenz zieht uns die Arbeit unter den Füßen weg. Bei den wenigen Mahlgästen, die mir da verbleiben, kriege ich meine Mäuler nicht satt“, beendete Kolff sein Dasein im unteren Alfbachtal, bevor er die Zügel seines Haflingers ergriff, ihn zornig anspornte und zusah, dass er weiterkam.

„Ja, ja, die Unglückseligen: die Kolffs, der Heinrich und mit ihm vor allem der arme Christian. Alle sind sie bei uns hier am unteren Alfbach auf der Strecke gebliebenen“, begann Johann Schiffmann zunächst gemächlich. Doch kurz darauf steigerten sich seine Gedanken in eine haltlose Wut und wiederum Momente später ergossen sie sich nur noch in heißblütige Beschimpfungen. Gegenstand seiner gottlosen Flüche, die er ohne Rücksicht auf Zuhörer in die Welt schleuderte, waren neben den unzähligen Ungerechtigkeiten des Lebens vor allen Dingen die tonangebenden Landesfürsten in ihren prachtvollen Burgen, Schlössern und Festungen. Diese hasste Johann allesamt von Kindesbeinen an schlimmer als die leibhaftige Pest.

„Diese verlogenen Schmarotzer im edelsten Zwirn bestimmen den eng geschnallten Gürtel unseres Lebens. Buckeln müssen wir auch noch vor diesen arbeitsscheuen Parasiten, die, ohne Scham und rot zu werden, ihren Überfluss aus der Härte unserer Arbeit speisen. Wie viel Malter hellstes Mehl aus unserer Vermahlung haben die Herren von Sponheim in Säcken schon in ihre noblen Küchen getragen. Wie viel Steuern hat der Franzen schon aus der Mühsal unseres Schaffens herausgezogen?“

Lediglich wenn sich der spätere Tuchhannes an Heinrich Hochscheid von der Reiler Mühle erinnerte, seufzte er. Der Ruck eines aufrichtigen Mitgefühls ging durch seinen mageren, fleischlosen Körper.

„Unser tüchtiger Heinrich, ein Meister der konzentrischen Drehbewegungen und des Kraneschwenkens“, lobhudelte Johann. „Wenn einer sich auskannte mit den Luft- und Arbeitsfurchen wie kein zweiter, dann der. Niemand war in der Lage, die Schärfe der

Rillen auf der Mahlbahn so gradlinig, tief und gleichzeitig zart zu ziehen wie Heinrich. Ein wahrer Held bei der Ausrichtung des Lichtwerks ist er gewesen. Obwohl er für sich selbst und die Seinigen nur wenig Brot zu beißen hatte, stand er uns Nachbarn in den Stunden der Not noch bei und erteilte uns Nachhilfe in der Regulierung von Zahnrad und Stockgetriebe. Während seine eigenen Mühlsteine immer mehr versagten, waren unsere in Ordnung, weil Heinrich sie für uns redlich schärfte. Unser Leben wurde durch seine Hilfe gerettet, das seinige dagegen elend zerrieben."

Mit dem Auftrag, die Reiler Mühle komplett sanieren zu müssen, hatte Franzen den Heinrich zunächst nur ärgern wollen, so die scheinheiligen Worte dieser ständig schwitzenden Bulldogge nach Heinrichs Tod. Doch dann war Heinrich auch noch gezwungen gewesen, dem behäbigen Amtskellner mit dem schlüpfrigen Schlafzimmerblick ein Mühlenbuch vorzulegen. Damit erwischte der schriftversessene Speichellecker der Grafen von Sponheim den Müller auf dem falschen Fuß. Denn der war zwar des Schreibens und Lesens mächtig, hatte es jedoch mit den regelmäßigen Aufzeichnungen nie so genau genommen. Franzen schwollen die ohnehin vorstehenden Augäpfel zusätzlich an, als er davon erfuhr. Er drohte zischend: „Da haben wir es. Hier ist Lug und Trug am Werk." Das brach dann dem armen Heinrich endgültig das Genick seiner Existenz, und mit ihm an den Rand des Abgrunds rutschten seine arme Anna Maria, Christian und die beiden jüngeren Geschwister Matthias und Maria Johanna.

Es war im Jahr 1770 gewesen, als Tuchhannes mit seinen Eltern und Geschwistern auf die Rivemonder Mühle gezogen war. In der neuen Heimat lernten sie schnell die Familie Hochscheid kennen. Die Männer gingen sich bei der Arbeit gegenseitig zur Hand. Die Frauen spannen emsig gemeinsam ihre Fäden in ihren Spinnstuben, schwatzen dabei fröhlich. Doch Vater Heinrich ging es schon im Jahr ihrer frischen Nachbarschaft nicht gut. Und es dauerte nicht lange, bis im gleichen Jahr seine Totenglocken läuteten. Ein seltsames Fieber hatte Heinrich von einer Nacht auf die andere dahingerafft, bevor ein Wundarzt die glühenden Hitzeschübe in seinem Körper überhaupt hätte lindern können. Die alten Weiber aus Reil lasen für Heinrich die Totenmesse. Sie versanken im Gebet für ihn, der eine mittellose, vor Unglück bebende Familie hinterließ.

„Der arme Christian", lamentierte Johann Schiffmann immer wieder. „Schluchzte er nicht lauthals auf, als der Sarg langsam an Seilen in die Grube glitt? Mit seinem Gejammer übertönte der Junge die salbungsvollen Worte des Priesters. Mit beiden Händen umklammerte er die Kutte des Pfaffen. Der brachte sein Geschwätz von der ausgleichenden Gerechtigkeit in einer behütenden Ewigkeit kaum zu Ende."

Ahnte der sechsjährige Bub in diesem Moment bereits, dass nach dem plötzlichen Tod seines Vaters und Beschützers ein eher unrühmliches Schicksal auf ihn warten sollte? Vielleicht. Der Tuchhannes hatte wie immer zu allem eine klare Meinung.

„Man muss sein Leben in Scheiben zerlegen und in jedes einzelne Stück mit einem scharfen Messer den eigenen Namen tief einritzen", fasste er eines Tages seine Lebensweisheit zum Gelingen des menschlichen Daseins zusammen. „Das Schicksal verhöhnt dich sonst launenhaft. Dem Unbedarften mit seiner naiven Freude zeigt es eine lange Nase, beobachtet aus seinem Versteck heraus sein haltloses Trudeln hinein in den Abgrund. Man darf keine Sekunde zögern, die zerlegten Scheiben zu Stufen übereinanderzustapeln. Auch sollte man darauf achten, immer die richtigen Stiefel zu tragen, wenn man mit kräftigen Tritten endlich neue Höhen erklimmt.

Der Müller Krones von der Sprinker Mühle, der hat es richtig angepackt. Seine Mühle ist Eigentum der Springiersbacher Klostermühle, die dritte Mühle im Bunde hier bei uns am unteren Alfbach.

Diese Klostermühle mit ihren vier Mahlgängen ist mit ihrer Größe ein anderes Kaliber als die beiden zarten Rädchen der Reiler und Rivemonder Mühle. Außerdem verleben viele Kleriker in der Klostermühle ihren Ruhestand mit ihren Almosen, die sie einst den armseligen Betern und ruhelosen Sündern aus ihren dünnen Taschen zogen. Unter dem triefäugigen Blick des Gekreuzigten frönen diese einstigen Marionetten einer scheinheiligen Barmherzigkeit den letzten satten Stunden ihres wohlgenährten Lebens", wetterte Johann weiter vor sich hin.

„Dieser Krones schuldet meinem Vater noch einen Gefallen. Auch dem Heinrich hat der Krones oft genug auf den Füßen gestanden und ihn um Hilfe angebettelt. Nun muss der auch mal eine Rechnung bezahlen. Meinen Bruder Josef schicken wir zu dem auf seine Sprinker Mühle in den Dienst. Josef ist nicht der Hellste im Kopf, aber willig, und vor allen Dingen tut er, was ich ihm sage. Der Krones soll den Lohn für Josef für sich behalten und damit seinen ergiebigen Fruchthandel weiter ausbauen. Im Gegenzug für den Lohnverzicht sperrt mir der Krones die Tür auf zur Obrigkeit der Springiersbacher, verschafft mir den Sprung in deren Klostermühle, damit ich dort Müller werde.

Ich bin ich es dann, der kassiert und als Müller zwischen den fetten Priestern kurz vor deren Einkehr in ihr Himmelreich die Kornpreise diktiert. Wovon andere noch träumen, halte ich dann als mein eigenes Gewerk in meinen Fingern. Hach, genauso wird es sein, ha ha in Ewigkeit Amen!"

Nicht nur Johanns Mundwerk glühte, wenn er mit weit gespannten Lippen lautstark seine Zukunftspläne in die Welt posaunte, sondern seine Ohren gleichermaßen, wenn er nicht müde wurde. Doch dann ... dann ... kam alles ganz anders ...

Nicht lange nach Heinrichs traurigem Ende hielt ein neuer Müller auf der Reiler Mühle Einzug. Philipp Stein war aus anderem Holz geschnitzt als der allzeit hilfsbereite, in sein Handwerk arg verliebte

Heinrich. Nicht zimperlich darin, Frauen zu erobern, die ihm gefielen, warf Philipp schon während Heinrichs Beerdigung einen langen Blick auf dessen Witwe.

Anna Maria war immer noch jung und sie war schön. Heinrichs Grab war gerade frisch aufgehäuft, da hatte Philipp ihr hellrotes Haar und ihre zarten, melancholischen Gesichtszüge längst entdeckt. Rasch wie ein vorbeiziehender Windhauch verführte er das anschmiegsame Geschöpf, noch ehe Anna Maria ihr Trauerjahr mit Anstand hinter sich bringen konnte. Aber dafür versprach ihr der beredte Philipp viel Ruhe nach dem erlebten Kummer. Er selber besaß keinerlei Scheu mit Anna Maria, ohne sie zu freien, weiterhin die Reiler Mühle zu bevölkern und die anhängigen drei Sprösslinge, Heinrichs Kinder, denen allesamt noch die Nasen liefen, für ein paar Jahre an seiner Seite zu dulden.

Rasch sprach er bei Franzen vor und drückte ordentlich das Wassergeld. Mit der Trauermine eines schwer geplagten Müllers hielt Stein dem Eintreiber vor die Nase, dass er durch die Übernahme der Reiler Mühle drückende Verantwortung übernommen habe und einige Mäuler durchbringen müsse.

Doch nichts ist unvergänglich, und die Zustände des Übergangs haben es besonders eilig, sich zu verändern, wie Philipp Stein dann in seiner strebsamen Lebensplanung bewies.

Als er die Reiler Mühle durch den gröbsten Sturm ihres wirtschaftlichen Bestands so einigermaßen gebracht hatte, warf er ein Auge auf Hildegard, die jüngste Tochter des Amtskellners Franzen. Die Hochzeitsglocken läuteten bald für ein frisch vermähltes Paar, bevor das Leben begann, sich gegenüber Anna Maria und ihren Kindern von seiner weniger gutmütigen Seite zu zeigen. Denn nachdem Anna Maria dem Philipp Stein die ersten harten Winter auf der Mühle versüßt hatte, entschied Philipp eines Tages über das gemeinsam Leben wieder anders.

Er schickte sie weg aus der Reiler Mühle nach Reil in eine einfache Behausung. Philipp Stein rühmte sich zwar, bald eine neue

Familie mit eigenen Kindern ernähren zu müssen, dennoch dachte er gar nicht daran, Anna Maria gänzlich aus seinem Leben zu entfernen. Er liebte sie doch über alles, trocknete beschwörend ihre Tränen. Nur das Beste für sie und ihre Kinder liege ihm nach wie vor am Herzen, schmeichelte er weiterhin. Während seine sanft summenden Worte zwischen seinen spröden Lippen verebbten, stierte er gleichzeitig mit ernsten Augen über Anna Marias Schulter. Er spielte bereits mit den nächsten Gedanken. Ein straffes Arbeitspensum für Christian, Marias ältesten Sohn, plante er. Bei seinen Ausgaben hatte er schließlich seine Kasse zu füllen.

Freunde, deren Vertrautheit besondere Höhen und Tiefen erlebt, necken sich manchmal mit dem Spruch: „Wer dich zum Freunde hat, braucht keine Feinde mehr." Eine Sichtweise, die Christian Hochscheid möglicherweise geteilt hätte, wäre ihm der Angelhaken bewusst gewesen, den sein angeblicher Freund Johann über all die Jahre hinweg immer wieder nach ihm auswarf.

Währenddessen ereiferte sich Tuchhannes über ihre Zweisamkeit wie folgt: „Alles, was der Christian kann, kann er nur durch mich." Besitzanspruch und Bewunderung schwangen stets in Johanns Stimme mit, wenn er im Folge ziehender Jahre nie müde wurde, seine Zuhörer damit zu beschallen, er sei der eigentliche Ziehvater des Jungen aus seiner nächsten Nachbarschaft.

„Ich war es, der Christian davon befreite, dass der Philipp Stein ihn nicht immer nur als billigen Viehhirten verkaufte. Nur ich habe ihn dann davon erlöst, ewig als Nachtwache für die Herren auf der Burg Arras zu schuften. Zum Hüten von Vieh auf deren Weiden war er jahrelang gut genug. An wohlhabende Viehbesitzer im Ort Burg wurde der Ärmste verhökert, während der Philipp Stein den Sold für Christians Arbeit kassierte und kassierte.

Ich war es dann gewesen, der ihn zu den Kolffs auf die Udiger Mühle schleppte, damit er ein ordentlicher Geselle und endlich in alle Feinheiten des Müllerhandwerks eingeführt wird. Christian war bald genauso begabt darin wie sein Vater, alle Furchen der Mühlsteine nachzuschleifen, das konzentrische Getriebe korrekt auszurichten, das Mühlrad mit der richtigen Wassermenge zu betreiben. Es war meine Hilfe, ihn immer zum richtigen Zeitpunkt an den rechten Mann zu bringen", schwadronierte Johann.

Manche Zuhörer dieses vollmundigen Getöses himmelschreiender Selbstlosigkeit spotteten heimlich über dieses ungleiche Freundschaftspaar. Wiederum andere Beobachter betrachteten deren scheinbar unauflösbaren Zusammenhalt mit einer stillen Scham, hielten dieses Bündnis eher für unehrenhaft.

Aber die Wahrheit war wohl eine andere. Möglich, dass der von wahren Gefühlen wenig berührte, später als der äußerst brutal geltende Tuchhannes schon sehr früh einen Narren an dem Nachbarjungen Christian gefressen hatte, was Tuchhannes sicherlich nie zugegeben hätte.

Es mochte daran gelegen haben, dass Christians Gestalt schon von Kindesbeinen an alles das besessen hatte, wovon Johann sein ganzes Leben lang nur träumen konnte.

Johann wurde später von Gerichtsakten als kleinwüchsig beschrieben, sein blassgelbes Gesicht als pockennarbig und seine Gesichtszüge als ausgesprochen unansehnlich. Hatte Johann als halbwüchsiger Kerl je Spuren von Geschmeidigkeit besessen, so waren diese längst im Gift seiner stets zügellosen Äußerungen aufgelöst, im Kessel seines unablässig kochenden Gedankenguts schon lange zersetzt.

Christians Gesichtszüge dagegen waren trotz der harten Arbeit Zeit seines Lebens weich geblieben. Die Form seiner Lippen, fast mädchenhaft fleischig-voll, schien allen grausamen Brüchen seines Lebens zu trotzen. Ausgesprochen lange und gerade Glieder prägten ihn zu einer unübersehbaren und auch eindrucksvollen Gestalt. Sein weizenblondes Haar weckte mit seiner Leuchtkraft bis zu seinem Tod die Aufmerksamkeit von Männern und Frauen gleichermaßen. Ihm selbst war dies nie bewusst. Sein ganzer Körper war von strammen und kräftigen Muskeln durchzogen. Seine Haut glänzte leicht seidig-matt, wirkte gesund und unverbraucht. Und sein Gemüt und seine Sprache?

Umgangsformen hatte Christian nie kennengelernt und ein Freund vieler Worte war er nie gewesen. Jedoch war jede seiner Bewegungen nie anders als spontan, dabei unaufhaltsam ruhelos und völlig befreit von jeglichen Regeln und Hemmungen. Für eine unbändige Wildheit war er bekannt, die tief in seinen Gliedern steckte. Diese war vergleichbar mit dem zügellosen Temperament junger, ungezähmter Rösser, deren Besitzer mit Stolz von der unbeugsamen und feurigen Rasse ihrer Lieblinge schwärmen. Und ausgerechnet Pferde wurden zur Leidenschaft von Christian, noch bevor er das Alter eines Halbwüchsigen erreichte.

Christian, die Revolution und die Begegnung mit Hans Bast Nikolai

So gingen die Jahre durchs Land, bis eines Tages die Momente eines Umsturzes mit aufbrausendem Zorn im rasenden Galopp ineinanderstürzten.

„Liberté, Egalité, Fraternité!" Am 14. Juli 1789 tobten mit dem Sturm auf die Bastille in Frankreich die Stunden der Revolution, und kaum hörte Tuchhannes von diesem Aufruhr, brüllte er vor lauter Begeisterung mit.

„Hurra! Sind die Franzosen nicht ein Volk des Mutes und der Stärke? Ist es nicht hundert Jahre her? Da durchkämmten die Franzmänner schon einmal unsere Lande und brannten mit ihren Pechfackeln unseren Hochwohlgeborenen die Schlösser und Burgen unter ihren weißen Hinterteilen nieder. Sie vertrieben das mit Fasanen, Torten und mehlverseuchten Hochfrisuren verwöhnte Pack aus seinen meterdicken Mauern", tönte Tuchhannes unüberhörbar über Moselufer und Eifelhöhen. Überall dort, wo man ihn nicht davon abhalten konnte, kletterte er in allen möglichen Höfen und Ortschaften, geschwind wie der Wind, auf Holzfässer, gefüllt mit Regenwasser, und posaunte mit einer Stimme, metallisch wie die eines Höllenhundes, zum Aufstand. Verschiedentlich war das morsche Holz der Wucht seiner hitzigen Parolen zur Weltverbesserung nicht gewachsen und krachte splitternd unter seinen Füßen zusammen. „Maximilien de Robespierre, die Lichtgestalt des Widerstands, der verhilft dem unterdrückten Volk endlich zu seinem Recht!", sah man ihn noch prustend seine Fäuste schwingen, während die Wassermassen schäumten und die zerborstenen Holzdauben über ihm zusammenfielen.

Nachdem im Januar 1793 der Kopf Seiner Majestät König Ludwigs XVI. unter der Guillotine rollte und eine Revolutionsarmee bereits ein Jahr zuvor begonnen hatte, mit ihren Truppen die Länder ihrer Nachbarn zu überrennen, fürchtete man, die Sinne von Tuchhannes seien überhaupt nicht mehr zu retten. Mit einer blutroten Jakobinermütze tief im Gesicht und einer seitlich angesteckten dreifarbigen Kokarde auf seinem spärlichen Haar, schrie er über die Lande bis seine Stimme krächzte: „Friede den Hütten! Krieg den Palästen! In Frankreich macht der dritte Stand Jagd auf die Adeligen wie auf Spatzen. Es dauert nicht mehr lange, dann wird auch bei uns aufgeräumt. Leute, seid dabei! Auch wir feiern bald die erste Stunde unseres Aufruhrs. Hört auf uns! Wir hier sind eine kleine, aber feine Vorhut. Die Sansculotten fegen bald die Stuben unserer vermotteten Parasiten leer. Lasst sie uns empfangen! Auf geht's! Friede den Hütten! Krieg den Palästen!"

Es war Anfang März des Jahres 1795 gewesen. Christian stand zu diesem Zeitpunkt gerade auf der Königsmühle in Trarbach im Dienst, als ihn wieder einmal ein Schrei einholte. Er selbst ahnte nicht, dass nun ein Schritt folgte, der über sein Schicksal entschied, ihn in einen Strudel zog, dem er nicht mehr entkam und ihn in den Untergang trieb.

„Christian, komm sofort zu uns! Ein neues Zeitalter einer ganz großen Gerechtigkeit ist angebrochen. Wir strömen in ein neues Leben und wir hier sind mit in der ersten Reihe, helfen bald den Jakobinern, unsere Ausbeuter zu hetzen wie die Hasen! Hast du mich verstanden? Komm zur Schmiede von Hans Bast Nikolai in Krinkhof bei Hontheim! Komm jetzt! Worauf wartest du?“

Christian zögerte nicht lange. Es war Nacht, als er sein bescheidenes Bündel schnürte und sich auf den Weg machte. Kurz hinter dem Reiler Hals wanderte er über einen schmalen Grat durch einen Wald, der ihn nach einigen Biegungen bald hinab in eine weite Talsenke führte. Rechter Hand war der Anstieg zur Burg Arras nicht mehr weit, der dann unmittelbar nach einer Abzweigung nach Krinkhof lenkte. Doch es herrschte starker Nebel an diesem Morgen, und so verpasste Christian kurz hinter der Burg eine Gabelung. Auf diese Weise näherte er sich Krinkhof über eine steile Schlucht. Christian wühlte sich mit leichtem Schuhwerk den Hang hinauf, kletterte auf allen Vieren über die glatten Schieferfelsen wie eine Gams im Hochgebirge. Er ließ die sattgrünen Sternfarne durch seine Finger gleiten, an denen er sich beim Aufstieg immer wieder kurz festhielt. Feuchtfrische Luft strich über seine Wangen und Christian genoss dabei den Anblick sanft wiegender Spinnennetze, in denen unendlich viele Tautropfen wie unberührte Perlen glänzten.

„Ist die Welt nicht doch unendlich schön?“, wurde Christian jäh von einem Gefühl ungebremster Freude durchflutet, während zwischen einzelnen Nebelschwaden im Unterholz unweit ein Reh äste. Das Wild witterte Christian rasch und schien ihn nur ganz kurz zu mustern, bevor sein Blick die Richtung wechselte und es dann seinen Weg lautlos fortsetzte.

Christian hörte noch das Knacken von zerberstendem Gehölz

unter seinen eigenen Schritten, da traute er seinen Augen nicht. Den Kamm der Höhe hatte er soeben erklommen und die Reihe der Höfe von Krinkhof im Hintergrund als unwichtige Kulisse wahrgenommen. Denn plötzlich war jede Faser seines Körpers gebannt, als hätte ein Schlag ihn von einer Sekunde auf die andere gelähmt. Christian schluckte. Wie trocken konnte nur sein Mund sein. Denn dort, nur ein paar Meter von ihm entfernt, stand mit einem Mal das Schönste, was er je gesehen hatte und ihm je in seinem Leben wieder begegnen sollte.

Hans Bast Nikolais ältere Tochter Katrin galt in dem Dorf Krinkhof als eine sehr beliebte Nachbarin. Als sie mit ihrer jüngeren Schwester Maria und ihrem Vater im September 1794 in Krinkhof Einzug gehalten hatte, waren es ihre Schönheit, ihr sanftmütiges und zutrauliches Wesens und ihre allzeit helfende Hand gewesen, warum sie die Zuneigung der Dorfgemeinschaft schnell gewinnen konnte.

Sie solle aussehen wie ihr Vater und ihre jüngere Schwester, so hieß es. An diesem frühen Märzmorgen hatte Katrin, wie so häufig, nach ihrem Kräutergarten hinter dem Haus gesehen. Sie hoffte, die Saison für die Kräuter würde vielleicht eher beginnen in diesem Jahr. Sie schaute nach der fedrigen Form der Schafgarbe, den Blättern einer Fetten Henne, der Vogelmiere und dem Sauerampfer. Dort, da vorne, hatte das Schafsbockkraut immer ihre Sinne erfreut. Sie sehnte sich jetzt schon nach dem Wuchs dieser Pflanzen, wünschte sich zutiefst schon ein erstes Zucken unter der noch verhärteten Erde. Und vor allem, was sie und ihr Vater alles damit anstellen konnten. Ein harter Winter hatte sich gerade mit seinen letzten Eisschollen verabschiedet. In der Nacht fielen die Temperaturen nicht mehr so häufig unter den Gefrierpunkt.

An diesem Morgen waren die Nebelschwaden wie tänzelnde graue Riesen aus der Tiefe der Schlucht aufgestiegen und hatten die Äste mächtiger Eichenbäume in Raureif gehüllt, als plötzlich zwischen wabernden Schwaden eine hochgewachsene Gestalt aus dem feuchten Gebüsch auftauchte.

Katrin hielt den Atem an. Die Leute im Dorf unkten, in Morgenstunden, wenn der Nebel in der Schlucht noch dicht über den Moosen kriecht und dann den Hang langsam hinaufschleicht, seien Trolle mit ihm unterwegs. Sie seien auf dem Weg zu den Menschen im Dorf. Begleitet seien diese Gnome von Wesen, die den Menschen sehr ähnlich sähen. Einige von diesen Begleitern seien schön wie Engel, um die Menschen zu belohnen und ihnen Gutes in die Häuser zu bringen. Andere wiederum seien abstoßend wie der Leibhaftige, der nur Leid und Not in die Häuser trüge.

Katrin wollte sich gerade fürchten, als sie lange, schlanke Beine entdeckte, die sich auch noch unaufhaltsam auf sie zu bewegten. Sie hatte ihre Hände schon zum Schutz über ihr Gesicht gelegt, als sie mit einem Mal in ein derart gewinnendes Lächeln schaute, dass sie sich, wie gebannt, nicht von ihrem Fleck rührte. Das muss einer der Glücksboten sein, den die Leute im Dorf heimlich anbeten, er solle einmal für sie aus der Schlucht schweben. Und nun war ausgerechnet sie auserwählt, diesem zu begegnen?

„Wer bist du denn?“
„Und wer bist du?“
„Ich bin der Christian und du?“

Katrin war Christian zugewandt. Schritt für Schritt wich sie rückwärts zum Haus. Christian folgte ihr Fuß auf Fuß. Beide ließen einander nicht mehr aus den Augen, tauchten tief ein in ihre Blicke. Es dauerte nur wenige Schritte bis Katrin die unebenen Vorsprünge der Lehmbacksteine als Rückseite ihres Wohnhauses an ihrem Rückgrat spürte. Christian hielt dicht vor ihr, ließ ihr keinen freien Tritt mehr, um auszuweichen. Mit einer Hand umfasste er ihre Hüfte und mit der anderen strich er an ihrem Hals entlang, bis er zum Nacken gelangte und diesen mit einem behutsamen Griff umfasste. Bald schnupperte er an ihrem Ohr, es roch wie Honig. Christian streichelte ihre Haarflut, welch Feuer loderte in dieser duftenden Pracht. Christian fuhr mit seinen Wimpern ganz sacht an ihren zarten Wangen entlang, roch ihre zarte Haut.

„Wie schön du bist."

„Christian!" Tuchhannes hatte seinen Freund aus Jugendtagen schon am Waldrand entdeckt.

„Da bist du ja endlich, los komm, wir haben keine Sekunde zu verlieren!"

Christian hatte keine Zeit, seine Benommenheit zu bewältigen, denn wenig später stand er ihm gegenüber: Hans Bast Nikolai, der von seinen Leuten auch „Mon Capitaine" genannt wurde.

Christian überblickte kurz die Pritschen an den Wänden einer Gaststube. Vor einer getäfelten Wand knisterte das Kaminfeuer. Er stand auf weichem Lehmboden. Ihm fehlten die Worte. Wie ähnlich war das schöne Mädchen diesem Mann. Christian konnte in diesem Moment nicht ahnen, dass er bald einer der ganz wenigen Mitstreiter seiner Horde sein sollte, der dank seiner Körpergröße fähig war, Hans Bast Nikolai auf gerader Linie in die Augen zu blicken. Sie hatten beide ungefähr die gleiche Größe. Auf Johann dagegen schaute der Hüne nur herab.

„Du also bist Christian. Du weißt, nach der verlorenen Schlacht um Trier überrannten die Franzmänner mit ihrer Revolutionsarmee unsere Grenzen. Von allen Rathaustürmen an Saar und Mosel flattert nun die Trikolore als Zeichen auch unserer republikanischen Wandlung. In allen erdenklichen Ortschaften schickten die Soldaten des Umsturzes unsere Polizei zum Teufel. Sie prügelten sämtliche Amtskellner von ihren Schreibtischen, jagten die Aristokraten halbnackt aus ihren edlen Ankleidegemächern, und viele Pfaffen haben sie von den Kanzeln gestoßen. Du hast sicher gehört, die Revolution schwört auf eine strikte Trennung von Staat und Kirche. Du weißt auch, dass wir inzwischen nach deren Zeitkalender zu tanzen haben, aus dem sie alles verbannten, was auch nur von weitem nach Kirche und christlicher Gesinnung riecht."

Hans Bast schnaubte einmal kurz durch die Nase. Mit einem Mal war eines seiner ganz seltenen Lächeln erkennbar und das war auch nur ein angedeutetes. Dazu hatte er einen seiner Mundwinkel kaum sichtbar hochgezogen, und es blitzte flüchtig in seinen dunklen Augäpfeln.

„Die Bannmühlen haben die Sansculotten dabei als erstes abgeschafft, amüsieren sich schief über diese Art von Vorrechten. Ich weiß, dein Vater Heinrich lebte nur ein paar Meter von einer Bannmühlengerechtigkeit entfernt. Auch er war ein Opfer ihrer Willkür und zerbrach letztlich unter ihrer Knute."

„Ich habe da gerade ein Mädchen getroffen. Sie ist schön wie die Sonne. Ich möchte, dass sie meine Frau wird. Ich werde das wundervolle Geschöpf schützen und ehren wie kein zweiter."

„Wir müssen uns mit diesen Fliegenfängern des Aufstands dringend verbünden. Überall an allen Ecken patrouillieren sie. Dabei reißen sie sich alles unter den Nagel, was blitzt und blinkt und nicht bei drei auf dem Baum ist. Das ist ihr Preis für Freiheit, Gleichheit und ihren Stil von Brüderlichkeit. Aber wir brauchen sie, damit die erst gar nicht daran denken, uns als armselig zerlumpte Gestalten zu verlachen. Dafür brauchen wir Geld und vor allem jede Menge Pferde. Habe gehört, du bist ein exzellenter Reiter, stark wie ein Berserker und dann auch noch ein Kerl, der arbeitet, bis ihm das Blut unter den Nägeln gerinnt. So jemand können wir hier gut gebrauchen. Pferdehandel ist zur Zeit das ertragsstärkste Geschäft, was es weit und breit gibt. Bist du bereit?"

Christian traute seinen Ohren nicht. Er fand immer noch keine Worte. „Du gehörst zu uns, wenn du nur willst", wallte es ihm aus den mandelförmigen Augen seines Gegenübers entgegen. Die Wärme, die er daraus erfühlte, erfasste sein Gemüt derart, dass er glaubte, er hebe gleich ab von dem Boden, auf dem er gerade stand.

Ist das Freundschaft oder ist es sogar Familie? Die Familie, die zusammenstand, koste es, was es wolle und mit ihm gemeinsam durch dick und dünn marschierte? Hatte er sich danach nicht schon sein ganzes Leben lang gesehnt? Doch, und dafür war er bereit, alles, aber auch alles zu tun, was man von ihm wollte.

Die Monate, die nun folgten, nannten sich nach dem Kalender der Besatzer unter anderem Germinal, Floréal, Prairial, Messidor, Thermidor und Fructidor. Christian war mit einem glühenden Willen, hitzigen Wangen und einer Auftragstreue unterwegs, die unter den Gesellen um Nikolai herum ihresgleichen suchte. Sein Pferd raste meistens in dunklen Nachtstunden über steinige Wege durch Moselorte, viele Eifeldörfer, sogar bis tief in die Schluchten des Hunsrücks hinein, wann immer eine lohnende Beute Christian antrieb.

Tuchhannes jauchzte vor Freude laut auf: „Jipppiih!“ Hatte er nicht zu viel versprochen, als er den feurigen Eifer seines Freundes angepriesen hatte? Ohne nachzudenken, brach Christian nachts Ställe auf, scheute keine Mühe, die Kasernen der Franzosen zu plündern, um ein Pferd nach dem anderen über Täler und düstere Höhenpfade nach Krinkhof zu überführen. In der Schmiede angekommen, wurden die frisch gestohlenen Gäule von Nikolai neu beschlagen und anschließend weiterverkauft.

Das Ergebnis von Christians nächtlichen Ausflügen konnte sich nach einiger Zeit sehr gut sehen lassen. Unzählige gestohlene Pferde, darunter sogar ein edles Reuter- und ein noch edleres Trompeterpferd aus dem Stall französischer Garnisonen, ließen Nikolais Kasse ordentlich klingeln.

Einmal erntete Christian nach einer durchrittenen Nacht das lautstarke Gelächter seiner betrunkenen Gesellen. Da ihm kein gutes Pferd in die Hände gefallen war, hatte er einen Esel gestohlen, der im Schlepptau einer langen Leine müde hinter ihm her trottete.

In einer weiteren Nacht schoss Christian sogar auf einen Bauern, der mit bloßen Füßen, fliegendem Hemd und offener Hose aus seiner Schlafstube polterte, um sein Eigentum zu verteidigen.

Doch eines Tages meldete sich bei Christian ein Gefühl zurück, das er lange vergessen hatte. Es war das schlechte Gewissen. Zweifel überfielen ihn. Was machte er da eigentlich? Er war doch ein zunfttreuer Müller, wie sein Vater und Großvater es waren. Er liebte doch Katrin, wollte sie zur Frau nehmen, sie Tag und Nacht in seinen Armen halten, mit ihr ein neues Leben anfangen, und das auf einer Mühle, auf seiner eigenen Mühle. Das war doch seine Zukunft. Was machte er stattdessen? Er stahl Nacht für Nacht Gäule und andere Vierbeiner und schoss dabei auch noch auf redlich schaffende Menschen, die so sind, wie er eigentlich sein wollte.

„Mon Capitaine!“
„Was willst du?“
„Mon Capitaine, ich ... “
„Was?“

Es war ungefähr Anfang Mai des Jahres 1796. Der Gastraum der Schmiede von Hans Bast Nikolai war wieder einmal mit Schwaden von Pfeifenrauch verpestet und fast bis zur Unkenntlichkeit verdunkelt. Branntwein war in jener Nacht auch wieder reichlich aus Krügen geflossen und hatte die Lippen aller Konsorten schon kräftig geweitet, bis sie nur noch wirre Worte stammelten. Alle möglichen verwegenen Pläne waren längst unzählige Male durchgekaut.

Der Tuchhannes hatte wieder einmal die halbe Nacht mit seiner rechten Faust den Tisch erschüttert, dabei durch die Runde gebrüllt: „Den Krones, den kauf ich mir. Er hat mich belogen und betrogen. Er spuckt auf unsere Absprachen. Der denkt überhaupt nicht daran, mir den Eintritt in die Klostermühle zu verschaffen. Stattdessen knüpft der anderweitig hinterhältige Seilschaften. Der

Teufel soll diesen buckelnden Kriecher reicher Pfaffen für seine Lügen bestrafen."

Vor Rage war er mit einem Mal mit seinen dürren Knien auf die breite Fläche der Eichenholzplatte des Tisches gesprungen, hatte besinnungslos vor Wut Krüge umgeworfen, halbvolle Becher mit seinen Stiefeln durch den Raum getreten. Hans Bast schnappte ihn kurzerhand am Nacken, zerrte ihn durch die Tür hinaus und schleuderte ihn in die nächste Pfütze.

„Der kommt bald wieder angekrochen", dachte Christian missmutig. „Nikolai nimmt den gnädig wieder auf und dann hockt er hier wieder und schwätzt uns die Ohren blutig. Es wiederholt sich."

Christian war allmählich nicht mehr weit davon entfernt, diese ewig klebrige Klette seiner Kindertage zuweilen in die letzte einsame Schlucht des Kondelwaldes zu wünschen. Oft genug überfielen ihn in letzter Zeit Gedanken, diese herrischen Klauen mit dem ohrenbetäubenden Geschrei einmal abzuschütteln.

Irgendwann warfen die Morgenstunden ein erstes zartes Licht durch das Fenster der Schmiede auf dieses Gelage. Einige Gestalten taumelten, kaum noch Herr ihrer Worte, auf ein paar Pritschen an den Wänden. Christian lag in einer der dunkelsten Ecken. Seine Kehle war ausgedörrt und seine Zunge klebte ihm am Gaumen. Bald drang die Orgie einer wüsten Schnarcherei dieser lumpigen Nacht durch seine Gehörgänge. Christian spürte, wie sein Kopf dröhnte. Das waren Momente, in welchen er seinen Kumpanen am liebsten die Lederriemen aus ihren Stiefeln gezogen und sie damit erwürgt hätte.

Plötzlich: Was war das? Christian erkannte eine Gestalt an den Umrissen ihrer Körpergröße, die gerade durch den Raum schlich. War das nicht der Heinrich, der sich gerade dem „verbotenen Raum" näherte? Schleimte der sich etwa beim Capitaine ein? Doch, tatsächlich, Heinrich, der brachte das. Christian erkannte einen schmalen Lichtschein aus dem Raum, welcher zu betreten unter Androhung strengster Strafen verboten war, und nun hatte Heinrich, der unnütze Schuster aus Kinderbeuren, dieses Ungeheuerliche gewagt. Er war in den Schein des Streifen Lichts geschlüpft und in der Kammer verschwunden. Was will ausgerechnet der vom Capitaine?

Na, das Schusterlein ist aber schnell wieder draußen. Hat der Capitaine den rausgeschmissen? Dann bin ich jetzt dran.

„Mon Capitaine, ich liebe Katrin."

„Ja und?"

„Ich bin Müller. Ich will mit Katrin eine Familie gründen. Ich will und brauche meine eigene Mühle. Ich ..."

„Hör zu, du warst bis jetzt sehr fleißig, hast uns ohne Verrat zur Seite gestanden und uns reichlich Zaster gebracht. Warte! Sagt jetzt nichts weiter, hör mir einfach nur zu! Drüben in Enkirch, gibt es den Müller Heinrich Matthias Gerhard auf seiner Mühle. Henrichmattes, so nennen sie den. Er ist verheiratet, aber sein einziger Sohn ist in das Unbekannte abgetaucht. Der Henrichmattes ist ziemlich vermögend aber scheinbar ohne Erben. Häng dich an den. Er soll dir seine Mühle vermachen. Und ist er nicht willig, so helfe ich nach."

„Was? Wie soll ich ...?"

„Frag nicht! Tu einfach, was ich dir sage! Es ist doch ganz einfach. Wir machen es so, wie wir es die ganze Zeit schon machen. Du stiehlst ihm ein oder zwei Pferde, bringst sie uns. Dann triffst du den Gerhard auf seiner Mühle und sagst, du hast eine Idee, wer seine Pferde gestohlen hat, aber nur gegen Bezahlung und dann gibst du sie ihm wieder zurück gegen ein ordentliches Entgelt. Auf diese Weise schmeichelst du dich bei ihm ein, bietest dich an als Müllergeselle, arbeitest für ihn, wirst sein Ersatzsohn, hast du verstanden?

Wir schlagen wie immer zwei Fliegen mit einer Klappe. Wenn du die gestohlenen Pferde bringst, beschlagen wir sie in meiner Schmiede immer neu. Anschließend verkaufen wir die Gäule weiter.

Und dem ursprünglichen Eigentümer verrate ich gegen eine Gebühr, wo er sein Pferd finden kann und verkaufe es ihm am Ende wieder zurück. Irgendeiner geht bei diesem Geschäft leer aus. Das ist der neue Eigentümer. Da der in der Regel ahnt, dass er ein gestohlenes Pferd gekauft hat, hält er auch die Klappe, denn er weiß, er hat Diebesgut. Er betet zum Herrn, dass er seinen Klepper behält. So funktioniert es die ganze Zeit. Und alle machen bei diesem Spiel mit. Jetzt verabschiede dich von deiner geliebten Katrin und geh nach Enkirch! Sollte es nicht so geschehen, wie ich es sage, müssen wir den Müller eben bestrafen. Aber das sehen wir dann. Jetzt geh! Ich hab zu tun."

Der Müller Henrichmattes aus Enkirch

Es war Mitte April des Jahres 1798. Der Müller Heinrich Matthias Gerhard aus Enkirch war wieder einmal in die Dachstube seiner Gemeindemühle geschlichen, hatte an einem schlichten Tisch Platz genommen. Nachdem er saß, kratzte er sich besorgt am Kopf, was er immer dann tat, wenn er befürchtete, sein Schädel quelle über vor lauter Gedanken, die gerade seine Laune trübten.

Diese Dachstube war der Ort seines Rückzugs, denn bewegter konnten die Zeiten gerade nicht sein. Seinen Müllergesellen Christian hatte er vor einigen Monaten nach einem wüsten Austausch unschöner Worte seines Weges geschickt.

Die Beherrschung hatte er, der immer ruhige Henrichmattes, verloren, was normalerweise nicht seine Art war, und nun bereute er es, dass er Christian derart grob aus dem Haus gejagt hatte. Doch allzu arg musste der Junge ihm auf den Füßen stehen. Zu sehr hatte Christian ihn bedrängt, endlich zur Einigkeit zu kommen, im Falle seines Todes, Christian die Mühle zu überschreiben.

Aber warum war der Junge auch so stur gewesen? Christian war nicht sein leiblicher Sohn. Es gab keinen einzigen Tropfen gemeinsamen Blutes und somit keinen Grund, dem Jungen so einfach die Mühle zu überlassen.

„Christian kann weder lesen noch schreiben, wie soll er später meine Mühle führen? Das geht doch gar nicht“, haderte Henrichmattes’ Stolz mächtig mit Christians Unvermögen, mit Schriftkram überhaupt etwas anzufangen. Auch kannte der Junge keinerlei Anstandsregeln. Er aß und plauderte gleichzeitig, spuckte oft genug halbzerkaute Mahlzeiten über die Schüsseln, während er nebenbei lautstark Müllerwitze erzählte. Außerdem stand Christian mit der korrekten Ansprache von Titel- und Würdenträgern völlig auf Kriegsfuß. Umgangsformen wurden in einem Ort wie Enkirch von jeher behandelt wie rohe Eier.

Und sein eigener Sohn? Seine Frau hatte ihm zwar einen Sohn geboren, allerdings hatten er und sein Sohn vor geraumer Zeit einen heftigen Streit gehabt und seit diesen Tagen keinen Kontakt mehr. Nun wusste er gar nicht, wo sein leiblicher Sohn überhaupt lebte. Gleichzeitig brannte Henrichmattes auch dafür, das Erbe seines Vaters fortzusetzen. Denn der hatte es beim besten Willen nicht einfach gehabt, diese Mühle vor dem Untergang zu bewahren, seit er sie einst mit Stolz erworben hatte.

Als Johann Peter Gerhard, der Vater von Henrichmattes, die Mühle 1752 übernommen hatte, musste er für sie 925 Taler als Erb und Eigen an die Kurtrierer aus Trarbach zahlen. Darüber hinaus waren jedes Jahr acht Malter gutes Korn als Pacht an die Hochfürstliche Rentenkammer in Trarbach abzugeben.

Doch in der ersten Zeit seines Besitzes geschah eine Katastrophe nach der anderen. Zuerst zerstörten Zimmerleute seinen Teich, als diese in der unmittelbaren Nachbarschaft ein Franziskanerkloster errichteten. Anschließend war es dann eine Wasserflut gewesen, die mit ihrer Naturkraft sein Wehr erneut zerschmetterte und den gerade neu eingeweihten Teich wieder in einen Sumpf verwandelte. Später gelang es dem Holzhändler Görgen aus Pünderich mit der rücksichtslosen Flözerei seines Holzes, das frisch aufgebaute Wehr ein drittes Mal zu zerstören. Nein, nein, leicht hatte es die Familie nicht gehabt.

Und nun? Mittlerweile lebten seine Frau und er zwar seit Jahren in einem beständigen Wohlstand. Die Ufer des malerischen Großbaches waren dicht mit Nussbäumen bepflanzt. Für die Einrichtung der Starkenburger Genossenschaft hatte er sich einst eingesetzt und sich auch eigene Vorrechte für die Vermarktung des hochwertigen Nussöls erkämpft. Aber nach einigen Jahren der freudigen Kameradschaft kochte dann doch der Ehrgeiz hoch. Ein deftiger Geist der Konkurrenz machte sich unter den Genossen breit. Sie buhlten heftigst untereinander um die Gunst der adeligen Käufer.

Als nächstes stritt sich die Genossenschaft mit den Weißbäckern aus Enkirch darüber, wer zuerst den Wasserdruck aus dem Groß- und Ahringsbach für eine Vermahlung abschöpft. Eine elende Fehde entbrannte. Einmal entgleiste eine Sitzung unerwartet. Die Herren Großbürger stürzten aufeinander los, rauften sich gegenseitig die Haare, trugen Mistgabeln und Getreideschlegel in den Händen. Die Sitzung musste unterbrochen werden, weil blutige Stichwunden zu versorgen waren. In einem dieser hässlichen Momente hatte er, der Müller Henrichmattes, seine ganze Tapferkeit zusammengenommen und sich beschwichtigend zwischen die Parteien geworfen. Da, ein Knüppel landete zwischen seinen Beinen. Nur knapp waren seine Lenden einer ernsthaften Verletzung entgangen. Noch heute schmerzten gelegentlich seine Leisten.

„Dabei haben wir im Moment wirklich genug Probleme mit dieser Plage von Franzosen", seufzte Henrichmattes vor sich hin. Er hatte seine Arme auf dem Tisch weit ausgebreitet. Garnisonen des französischen Revolutionsheeres stürzten eines Tages mit stampfenden Stiefelschritten über die Gassen von Enkirch und forderten nach ihrem Einmarsch zuerst Wachmannschaften, die nachts auf ihre Kanonen aufpassen. Für die unnütze Festung *Mont Royal* hatte die ohnehin gepeinigte Enkircher Gemeinde zusätzlich Schanzarbeiter an den Batteriestellungen am Kampstein abzustellen. Doch damit nicht genug: Zusätzlich sammelten viele Soldaten in Lumpen Kleidung, Schuhe und weitere gewöhnliche Dinge des Alltags ein, darunter auch Öle und Leder von Kälbern. Schier endlos griffen ihre schmutzigen Hände auch noch nach wollenen Strümpfen, Decken sowie nach Heilmitteln aus Apotheken, griffen nach Zucker, Butter, Honig, seltenen Gewürzen wie Zimt und Safran. Die Listen abzuliefernder Geschenke nahmen kein Ende.

Doch mit ihren Ideen einer republikanischen Neuordnung schlugen ihre Trommeln keineswegs nur für Recht und Ordnung, sondern bescherten dem Bürger auch noch jede Menge Unsicherheit im Alltag.

„Das sehen wir doch an diesen verfluchten Räuberbanden“, wetterte Henrichmattes weiter.

War es nicht im letzten Dezember gewesen, als der berühmt-berüchtigte Johannes Bückler – auch als Schinderhannes bekannt – den würdigen Justiziar, Freiherr von Embden auf der Schmitzburg überfiel und ihn auf unsägliche Art fast zu Tode quälte? Als Erstes hatten sie dem Amtmann die Droschke bis zur Fahruntüchtigkeit zerlegt. Anschließend ergriffen sie den Freiherrn, fesselten ihn, schleiften ihn mit den Knien über den Boden bis tief in den Wald hinein. Sie rissen ihm die Kleidung bis auf die Unterwäsche vom Leib und banden ihn an einen Baum fest. Dann zündete diese teuflische Bande seine Kleidung vor seinen Augen an und warf sie als brennende Fackeln hoch hinauf in die Äste.

Funken von Feuer waren auf den beklagenswerten Amtmann herabgeregnet und hatten ihn fast verbrannt. Unter hämischem Gelächter wurde dann der Gefesselte einer nächtlichen Wildnis überlassen. Keiner weiß, wie das Schicksal letztlich über ihn bestimmt hätte, wäre nicht in den frühen Morgenstunden ein Tross Holzarbeiter an dieser Tanne der Gefangenschaft vorbeigezogen. Dieser befreite dann eine bleiche, ohnmächtige Gestalt, völlig erschöpft und dem Erfrierungstod nahe, aus dieser misslichen Lage.

„Wo soll das alles nur enden?“, schielte Henrichmattes anhaltend missmutig durch das schmale Fenster seiner Dachluke. Es war noch früh am Morgen, dennoch überzog der April das Land bereits mit einer schwülen Wärme, die sich eher nach Sommer anfühlte. Er liebte Wärme und Hitze, doch dieses Klima mit diesen Temperaturen schon während des Frühlings, das war nicht normal.

Angefangen hatten diese Taten jener raubenden Kohorten mit Pferdediebstählen, bei denen er auch ein Wörtchen mitsprechen konnte. Denn auf diese Weise hatte er Christian kennengelernt. Henrichmattes erinnerte sich auf den Tag, die Stunde sowie auf die Minute genau, wann er das erste Mal Christian begegnet war. Es war der 15. Mai des Jahres 1796, als aus seinem Stall zwei seiner besten Pferde verschwunden waren. Irgendein verwegener Dieb hatte nicht lange gefackelt, kurzerhand das Schloss aufgebrochen und in Windeseile über Nacht zwei leere Boxen hinterlassen.

Henrichmattes hatte nicht viel Zeit gehabt darüber nachzugrübeln, auf welcher Seite der Mosel seine Lieblingspferde wohl gerade schnauben mochten, als es an der Tür klopfte. Henrichmattes öffnete sie und vor ihm stand ein hochgewachsener, junger Mann mit seltsam feinen Gesichtszügen und einem leuchtend blonden Haarschopf.

„Meister Gerhard“, begann Christian ohne Umschweife. „Ich weiß, wer deine Pferde hat und ich kann dir helfen, sie wiederzubekommen.“

Henrichmattes war verblüfft und auch kurz wie erstarrt, doch auf seiner eigenen Türschwelle wollte er keine Wurzeln schlagen.

„Komm rein!“

„Ich kenne die Vögel, die deine Pferde gestohlen haben und ich kann dir auch sagen warum. Ich bin der Christian von der Reiler Mühle. Mein Vater starb früh, aber ich trage das Herz eines redlichen Müllers hier in meiner Brust.“ Christian klopfte mit seiner rechten Faust auf seinen Brustkorb. Gleichzeitig heftete er unbewegt seine ernsten Augen auf Henrichmattes. Der war beeindruckt von seinem Besucher.

„Ich habe lange auf unserer Mühle gearbeitet, bevor es mich durch die Lande zog. Warum erzähle ich dir ein anderes Mal. Die Reiler Mühle ist nicht weit entfernt vom Reiler Hals. Dort ist eine Kapelle, wo die Bande von der Mosel oft ihr Diebesgut unter sich aufteilt. Aber auch der Schinderhannes treibt sich dort oft rum, bietet seine Beute feil. Die Kerle, die man da trifft, ziehen oft viele Pferde ohne Reiter im Sattel und im fremden Geschirr hinter sich her. Mich kennen die. Einmal habe ich sogar einen von denen davon abhalten können, einen Pfarrer zu erschlagen. Ich kann dir deine Gäule wiederbringen. Aber ich fürchte, es geht nicht ohne ein hübsches Sümmchen Taler dafür vorzustrecken. Überleg es dir, ob dir das deine Pferde wert sind.

Sag mal Meister Gerhard, warum liegt denn da vorne dein Kammrad so rum?“

„Das Wasserrad macht mir im Moment Probleme, einige Zähne des Kammrades sind mir weggebrochen und nun wollen die Drehungen des Wellbaums nicht richtig.“

„Ich kann dir helfen, Meister, ich bin ein guter Müller, so wie mein Vater und mein Großvater es gewesen sind.“

Knapp zwei Jahre waren seit dieser ersten Begegnung vergangen. Henrichmattes hockte immer noch gedankenschwer in seiner Dachstube. Dabei schaute er kurz auf seine kräftigen Hände und strich mit seinen Fingern über die breitflächigen, trapezförmigen Nägel, bevor er fortfuhr, vor sich hin zu sinnieren.

„Hatte Christian dann die Mängel an Kammrad und Wellbaum nicht mit einer Leichtigkeit behoben, als würde sich alles wie schwebend von selbst erledigen? Bis zum November letzten Jahres hatte er mit geschickten Händen und ohne Mühen bei ihm gearbeitet. Er hatte angepackt, als würde er mit einem Zauberstab alle Gegenstände nur kurz berühren, bevor sie sich luftig leicht wie im Flug ganz allein an ihren Platz fügten. Dabei war Christian stets unbändig lustig, den ganzen Tag hörte man ihn mit einem Liedchen auf seinen Lippen pfeifen. Er schaffte ohne Unterlass unglaublich emsig und war vor allen Dingen sehr zuverlässig.

Waren sie beide nicht ein sehr ergiebiges Arbeitsgespann gewesen bis zu dem Tag, als Christian zu nörgeln begann, er solle ihn als Nachfolger der Mühle bestimmen, ihn unwiderruflich zu seinem Erben erklären?“

„Mach mich zum Erben deiner Mühle!“ Christian, der beim Essen nie einen Rülpser unterdrückte, trat ihm plötzlich mit einer formellen Bestimmtheit entgegen, die Henrichmattes fast zum Stottern brachte. Und dann ... eines Morgens war er verschwunden, der Christian. Er war einfach fort. Zunächst war es ruhig auf seiner Mühle. Dann begann Henrichmattes seinen Gehilfen zu vermissen und dieses jeden Tag ein bisschen mehr. „Trotzdem, so einfach geht doch das alles nicht!“, biss sich Henrichmattes auf die Lippen, als seine Worte halblaut aus ihm heraussprudelten. Er mochte es gar nicht zulassen, wie sehr ihm die Abwesenheit von Christian regelrecht das Herz zerriss.

Was war mit Christian passiert in der Zwischenzeit? Was hatte er angestellt in den letzten Monaten? Die Leute drüben vom Ort Burg raunten, er sei unter die Räder gekommen. „Pass bloß auf deine Pferde auf“, hatten ihm die Herren im gleichen Atemzug zugeflüstert. Er sei ein vagabundierender Herumtreiber, gehöre zu dieser Moselbande und sei auch ein Befehlsempfänger von diesem Hans Bast Nikolai aus Krinkhof. War der erste Besuch bei ihm und der Beginn der Arbeit auf seiner Mühle vor knapp zwei Jahren vielleicht doch von Christian oder diesem Nikolai genau geplant gewesen?

Christian hatte doch noch vor Monaten unter den Augen der Mutter Gottes geschworen, keine gemeinsame Sache zu machen mit diesem Pack. Aber warum waren seit dem Morgen seine beiden Lieblingsgäule schon wieder verschwunden? War dies vielleicht ein Zeichen, dass nach diesem erneuten Raub das Spiel mit dem Lösegeld von vorne beginnen sollte? Vielleicht war Christian ganz spontan dem Hilferuf einer anderen Mühle gefolgt, stand dort im

Dienst und sein Verschwinden würde sich bald aufklären. Vielleicht könnte er ja auch mit dem Pfarrer von Enkirch reden, ob der dem Christian etwas Lesen und Schreiben beibrachte? Seine Frau könnte ihn im Fach Anstand unterweisen. Dann war der Junge mit den Mühlenzauberhänden vielleicht doch noch zu retten? Nun, ja, es gab gerade viel zu viele Vielleichts. Welche Wahrheit auch immer siegen würde, es ging nicht anders. Er musste unbedingt mit ihm reden und Christians wahre Gesinnung herausfinden.

So geschah es nur wenige Tage darauf. Es war noch früh am Morgen, als ein laues Lüftchen zarte Wellen über die glatt geschliffenen Steine des Moselufers blies. Henrichmattes legte mit einem Boot an einem Steg an, der mit seinen Holzplanken weit in den Fluss hineinreichte.

Christian hatte die Nachricht von seiner Mutter bekommen, dass der Henrichmattes dringend mit ihm sprechen wollte. Henrichmattes hatte bei ihr in Reil die Nachricht hinterlassen und Christian erschien auch prompt am verabredeten Ort, der Reilkircher Fähre auf der Eifeler Seite. Christian half Henrichmattes, das Seil an einem Pfahl zu vertäuen. Ein Schatten der Besorgnis verdunkelte die sonst immer so hellen Gesichtszüge von Christian.

„Meister Gerhard, was gibt es? Du wolltest mich sprechen? Hast du dir meinen Vorschlag überlegt? Hast du schon Papiere vorbereitet?“

Das Wasser schwappte mit den Schlägen sanfter Wellen auf ein sehr sacht ansteigendes Ufer. Es herrschten, wie bereits seit einigen Wochen, schon zu einer frühen Uhrzeit am Morgen sommerliche Temperaturen. Der Himmel zeigte sich mit einem hellen Blau und war vollkommen wolkenlos.

„Christian, stimmt es, dass du in den letzten Monaten zwei Mal im Gefängnis gesessen hast, einmal in Trier, wo man dich freiwillig wieder hat laufen lassen, und einmal in St. Wendel, von wo du ausgebrochen bist?“

„Meister Gerhard, ich brauche dringend deine Hilfe und du gibst sie mir nicht. Stattdessen stellst du Fragen nach meiner Redlichkeit. Habe ich dich all die Monate unserer gemeinsamen Arbeit enttäuscht?“

„Nein, das hast du nicht. Aber meine Pferde sind schon wieder verschwunden. Was hast du damit zu tun? Wenn du mir wieder erzählst, ich muss Lösegeld für sie bezahlen, dann kann ich nur glauben, dass du auch zu der Bande von diesem Nikolai gehörst. Dann sehe ich mich leider gezwungen, dich anzuzeigen.“

„Meister Gerhard, du hilfst mir nicht, stattdessen treibst du mich weiter in das Verderben, das sowieso schon nah genug lauert. Ich brauche dringend dieses Papier, dass ich Erbe bin, sonst stecken die mich wieder ins Gefängnis, und dann bin nicht nur ich, sondern auch meine Familie verloren.“

„Familie? Was für eine Familie? Christian, so einfach geht das nicht. Wir müssen Gras über die Sache wachsen lassen, das ist die einzige Chance.“

„Meister Gerhard, ich habe keine Zeit mehr für Gras und hohle Worte wie leeres Stroh. Aber ich gebe dir deine Pferde wieder, weil ich deine guten Gäule auch den anderen nicht gönne. Die wollen sie wieder nur zu Geld machen, mir aber meinen Anteil nicht geben. Aber du warst immer gut zu mir, besser als es je jemand anderes war, und dafür bekommst du dein Eigentum zurück. Aber du schämst dich für mich. Ich trage nicht den hohen Hut eines ordentlichen Bürgers auf meinem Kopf. Du sagst, ich bin einer der Räuber und gibst mir nicht, was ich brauche. Also leb wohl, Meister Gerhard. Eines bekommst du dennoch von mir mit auf deinen Rückweg, Meister Gerhard, hiermit verfluche ich dich!“

„Christian, was soll das?“

„Meister, ich bin nicht derjenige, der dich wirklich verflucht, weil ich das gar nicht kann. Aber weil du mich fallen lässt wie eine heiße Kartoffel, verteufelt dich eine andere Person, die tatsächlich in der Lage ist, Verwünschungen über Menschen auszuspeien. Diesen

Fluch eines Leibhaftigen, den werfe ich hiermit über dich, der dir bald an Leib und Seele zusetzt. Und nun leb wohl, wir werden uns nie wiedersehen!"

„Christian, jetzt warte doch! Wir müssen Sinn und Verstand walten lassen. Geh nicht!"

Ein auffrischender Wind schlug die Seitenwände des kleinen Bootes kräftig gegen einen Holzpfahl des Stegs, so dass Henrichmattes befürchtete, sein Boot würde zerschellen. Er hielt es fest, um es vor weiteren Schlägen zu schützen. Bald klemmte seine Hand schmerzhaft zwischen Boot und Steg, während Henrichmattes versuchte, Christian vom Sprung in seinen Sattel aufzuhalten.

„Christian, lass uns doch bitte in Ruhe über alles reden. Wenn du aus dem Gefängnis ausgebrochen bist, werden sie kommen und dich holen. Ganz Enkirch wird das beobachten. So warte doch!"

Es dauerte keine zwei Tage und Henrichmattes fand seine beiden Pferde wieder mit den Hufen scharrend vor seiner Mühle, als wäre nichts zuvor geschehen. Mit diesem Gesprächsende hatte Henrichmattes trotzdem nicht gerechnet. Diesen endgültigen Bruch hatte er nicht gewollt.

Tage danach kroch Henrichmattes erneut mit schweren Knien hinauf in seine Dachkammer. Er blickte nur noch mit gebrochener Stimmung zur Dachluke hinaus. Henrichmattes überlegte gerade, dass alles gar nicht mehr schlimmer kommen konnte.

Sein Blick ruhte eine Weile starr auf dem Holzhäuschen im Garten hinter seiner Mühle. Dieser Verschlag war seit vielen Monaten ein Speicher für einen horrenden Vorrat an Säcken mit Kartoffelmehl bis dicht unter dem spitzen Giebel. Schuld an diesen Bergen von Kartoffelmehl in diesem Häuschen war eine Missernte etwa zehn Jahre zuvor, welche die Gemeinde Enkirch damals dazu veranlasst hatte, ihren Bürgern zu verfügen, reichlich Vorräte an Brotfrüchten und Kartoffeln dauerhaft anzulegen.

Die Sorten Rotaugen und Blauaugen mussten es unbedingt sein, um zukünftige Hungersnöte zu vermeiden, so die Begründung der Stadtväter. Seitdem prüfte die Gemeindeverwaltung Jahr für Jahr sorgfältig, ob ihre Bürger auch reichlich Kartoffeln bevorrateten. Schon lange hatte seine Frau diesen Berg an Kartoffeln zu Mehl verarbeitet und reichlich Säcke damit befüllt.

Henrichmattes erahnte jenen immensen Reichtum an Kartoffelmehl hinter der geschlossenen Tür dieser Holzwände und überlegte sich, dass es langsam Zeit sei, diesen bräunlichen Staub zu verbrauchen. Mehlwürmer müssten sich in dieser Menge langsam heimisch fühlen. Er hatte nicht viel Zeit, gedanklich in die Geschehnisse der letzten Tage gründlich abzutauchen, als ein lauter Schrei seiner Frau aus der Küche seine Melancholie unterbrach.

Sie hatte nämlich aus diesem Kartoffelmehl jener in die Jahre gekommenen Bevorratung gerade verschiedene Brotteige geformt. Nun zeigten sich in drei Schüsseln auf der Oberfläche des Teiges rote Sprenkel, die aussahen wie wild zerstobene Blutstropfen. Diese Tropfen wären zuvor schwarz gewesen, stammelte sie. Punkte, dunkel wie Muttermale, hätten zuerst kleine Kreise gebildet, dann, aufgebläht wie Pestbeulen, sich nach und nach von schwarz auf rot verfärbt.

„Herrjee, Elli“, herrschte Henrichmattes seine Frau unwirsch an, „schwarze Pestbeulen aus Kartoffelmehl, die dann zur roten Hölle werden, was erzählst du denn für wirres Zeug? Außerdem, was wunderst du dich? Dieses Mehl ist mittlerweile Jahre alt. Warum machst du daraus immer noch Teig? Los raus damit, stell die Schüsseln mit dem roten Kram vor die Holzhütte, leg ein Tuch drüber, guck die Schüsseln nicht mehr an und warte, bis der Zauber vorbei ist!“

Rasch war Henrichmattes nach diesem Zwischenfall wieder in seine Dachstube geklettert. Ein Blick durch eine Luke belehrte ihn jedoch Sekunden später, dass es mit seiner verdrießlichen Anweisung, diese offensichtlich verdorbene Mehlspeise aus dem Haus zu bannen, allein nicht getan war. Er traute seinen Augen nicht und vermutete kurz, der Allmächtige habe ihm gerade seinen Verstand geraubt. Er hielt seinen Atem an, als er entdecken musste, wie durch alle undichten Fugen des Holzverschlages rote Flüssigkeit quoll. Streifen von Blut drängten durch alle sicht- und unsichtbaren Ritze und Schlitze. Sie bündelten sich zu Bahnen, strömten ungehemmt über einen Feldweg unweit der Mühle und rasten direkt auf die Sponheimer Straße zu. Dort angekommen, jagten die roten Ströme um eine enge Kurve, erreichten bald die Kirchstraße und trieben ohne Umweg dem Wochenmarkt entgegen.

Berichterstatter munkelten später mit feuchten Augen, das eilende Blut wäre zu guter Letzt in der Allee namens *Zum Herrenberg* zum Stillstand gekommen, hätte sich beruhigt und sei durch einen sanften Wind vom Moselufer – im wahrsten Sinne des Wortes – ins Stocken geraten.

Henrichmattes war mit geöffnetem Mund Zeuge dieses Schauspiels gewesen, als gleichzeitig ein erneuter greller Schrei seiner Frau durch seine Ohren drang. Henrichmattes flog keineswegs treppabwärts seiner Frau entgegen, um sie zu beschwichtigen, ihre Nerven zu beruhigen, sondern kroch stattdessen unter den Tisch, an dem er kurz zuvor noch gesessen hatte, warf sich lang hin, kniff die Augen zusammen und stopfte sich beide Zeigefinger tief in die Ohren.

Auf diese Weise entging ihm das ohrenbetäubende Angstgeschrei, welches in der Zwischenzeit auf den Gassen von Enkirch für Panik sorgte.

Haustüren wurden krachend hinter Schutz suchenden Anwohnern und zufälligen Spaziergängern zugeschlagen. Milchkannen und Holzzuber waren den Trägern aus den Händen geglitten und mit lautem Getöse auf die Pflastersteine gestürzt. Einzelne Holzpantinen mit blutverschmierten Absätzen landeten im hohen Bogen am Straßenrand. Peitschen knallten durch die Luft. Pferdedroschken und Planwagen flogen in Windeseile über die Gassen, die so schnell es ging ihres Weges rumpelten, bis sich durch die Hast die Räder lockerten.

Aber auch auf der linken Moselseite verliefen die Dinge fortan nicht weniger unruhig.

„Vivat! Schlagt Feuer!" Mit diesem Aufruf zur Brandstiftung auf die Lieger Mühle im März 1798 hatten die beteiligten Gesellen einen der nächsten Spatenstiche getan, um sich eines Tages ihr Grab zu schaufeln. Den ewigen Mitstreitern für die Revolution war entgangen, dass die Polizei im Laufe der Jahre wieder stärker wurde und die Beteiligten dieses ruhmreichen Überfalls auf die Lieger Mühle mit den Namen Niklas Dahm, Niklas Schwarz, Heinrich Simonis, Richard Bruttig schon längst auf einer Fahndungsliste standen.

Der Müller Hornig war zwar mit dem Leben davongekommen, jedoch zündeten die Gesellen in jener verhängnisvollen Nacht sein Dach an, was die Gerichte als Mordversuch werteten und somit über die Täter die Todesstrafe verhängten.

Christian Hochscheid hatte bei diesem Überfall lediglich Wache gestanden, jedoch wurde ihm eine volle Mittäterschaft unterstellt. Christian gelang es zwar, nach einer Festnahme aus dem Coblenzer Gefängnis im März 1799 wieder zu entfliehen. Aber die Luft der Freiheit atmete er anschließend nicht mehr lange. Das Todesurteil wurde über ihn ausgesprochen, und so stieg er am 10. August 1800 tapferen Herzens auf das Schafott.

Weinend legte er die letzten Tage vor der Vollstreckung des Urteils noch eine umfassende Beichte ab. Nicht sein naher Tod rührte ihn zu Tränen, gab er seinem Beichtvater an, sondern die Erkenntnis, dass es sein Capitaine gewesen war, der ihn verraten, ihm dieses Unheil beschert hatte. So beeilte sich Christian in seinen letzten Stunden, über seinen Verräter alles auszupacken und zu Protokoll zu geben, was diesen irgendwie belasten konnte. An Händen und Füßen und mit Ketten gefesselt, sang er wie ein Vögelchen. Seine Aussagen in den düsteren Stunden des Gefängnisses mussten überzeugend gewesen sein. Denn die Richter glaubten Christian und fällten dann über Hans Bast Nikolai gleichfalls das Todesurteil.

Johann Daniel Gerhard und das Herz seines Vaters

Es geschah nur wenige Tage nach Christians Hinrichtung, als ein eleganter, junger Mann die Stufen zu Henrichmattes' Dachstube hinaufstieg. Es war Johann Daniel Gerhard, der einen Blick durch die Dachluke warf, wie es sein Vater immer gern getan hatte.

Das Holzhäuschen im Garten war längst verschwunden. Den Ort jenes Blutsturzes hatte er längst abreißen lassen. Nichts sollte mehr an dieses peinliche Debakel von vor zwei Jahren erinnern, über welches im Ort ganz allmählich Gras gewachsen war. Als Hexenhaus war die Gerhardsmühle nach diesem unsäglichen Geschehnis im Ort beschimpft worden. Der leibhaftige Satan hätte sich in dieses Haus geschlichen, hatten die Leute geunkt. Schuld an diesem Debakel war Henrichmattes' Umgang mit diesem unseligen Christian und dem Pack von der anderen Moselseite gewesen, hatte sich das Volk von Enkirch mit erhobenen Fäusten ereifert. Es war dieser Christian gewesen, der dem Henrichmattes diesen Fluch eingebracht und schlussendlich sein Leben mit diesem unappetitlichen Unglück zerstört hatte.

Gut ein Jahr zuvor war Johann Daniel aus dem Ausland zurückgekehrt. Er hatte in London Überseehandel betrieben und dort sein Geld gemacht. Als er den Boden in Enkirch wieder betrat, zögerte er nicht lange und kaufte unmittelbar nach seiner Rückkehr die sogenannte Peter Schützsche alte Walk- und Ölmühle an der Schwanbrücke. Daneben errichtete er eine weitere Mühle und nannte sie Neumühle. Im Februar 1800 wurde nach seinen Anweisungen eine Gipsmühle mit einem Pochwerk zum Zerkleinern von Rohgips fertiggestellt. Ja, der Johann Daniel besaß schon Geschäftssinn.

Seine Mutter war seit dem blutrünstigen Geschehnis zu ihrer Schwester nach Burg geflüchtet und hatte Mühe, sich in Enkirch überhaupt wieder auf die Straßen zu trauen. Sie mochte kaum den

Menschen in ihre missmutigen Gesichter blicken. Außerdem wurde ihr Mann immer melancholischer und legte sich zur Pflege seiner Schwermütigkeit den ganzen Tag ins Bett. Dieses war für sie mit der Zeit immer schwerer zu ertragen. Sie brachte ihn in einem Lazarett unter. Still und leise blieb er dort über Wochen.

Johann Daniel blickte auf den schlichten Tisch, an welchem sein Vater immer seinen Grübeleien nachgehangen hatte. Er trug an diesem Tag einen leichten Mantel aus englischem Tuch mit einer weiten Pellerine. Plötzlich spürte er, wie er zu schwitzen begann, denn er erkannte etwas, was seinen Zorn hervorrief.

Ein Herz in Übergröße war auf diesen Tisch gegossen und das Material dieses „Kunstwerks" schien getrocknetes Blut zu sein. Doch nicht nur das. Zwei Balken aus dem gleichen Material umrandeten dieses Herz noch links und rechts an den Außenrändern. Diese Halbkreise, entsprechend gebogen, formten eindeutig den Buchstaben *C*.

„Was soll denn diese blutige Tischdekoration hier? Der Vater ständig mit seinen verrückten Ideen. Das hält doch keiner aus", ärgerte er sich halblaut. „Kein Wunder, dass die Mutter letztlich das Weite suchte. Außerdem hätte er sich mal Gedanken machen sollen, warum seine Starkenburger Genossen ihm damals während dieser Sitzung kräftig zwischen die Beine stachen. Die Enkircher haben sich hinter seinem Rücken schon länger reichlich über ihn lustig gemacht und über seine wahren Neigungen geflüstert, was das Zeug hielt."

Johann Daniel kratzte sich gedankenverloren kräftig am Hinterkopf, bevor er die Stiege wieder hinuntereilte und mit einem Eimer zurückkehrte, der bis zum Rand mit Wasser gefüllt war. Als er diesen mit einem Schwung über den Tisch ausschüttete, gelang es ihm zwar weitestgehend, die Tischplatte zu reinigen. Als er jedoch die Dachkammer verließ und die Treppe abwärtseilte, verfolgte ihn der Schwung rot verfärbten Wassers auf dem Weg in die unteren Stockwerke.

Johann Daniel hielt erst wieder auf der Schwelle der Haustür an. Dort verharrte er noch einen kurzen Moment. Er blickte zu seinen Füßen hinab und erkannte, wie das Reinigungswasser aus der Dachstube ihn nun wieder eingeholt hatte. Johann Daniel war keine Zeit für Verblüffung gegönnt. Die Flüssigkeit hatte nun am Boden um seine beiden Füße herum ein Herz geformt. Diese Flüssigkeit war zusätzlich von einer Sekunde auf die andere erneut so erhärtet, dass es ihm nicht mehr gelang, einen Fuß vor den anderen zu setzen.

„Das kann nicht wahr sein", fluchte Johann laut durch die Mahlstube. Doch es nützte ihm nichts.

Das Schmutzwasser zur Reinigung des Tisches hatte seinen Schritt wie einzementiert. Er blickte auf die rote Eintrübung. Johann Daniel überlegte fieberhaft, wie er sich nun aus dieser verhexten roten Masse befreien könnte. Da kam ihm ein wenig Glück zu Hilfe. Er streckte seine Glieder bis sie schmerzten und es gelang ihm, von der Wand eine Sichel zu ergreifen. Unter Aufbringung seiner ganzen Körperkräfte schaffte er es mit Hilfe dieses Schneidewerkzeuges, das Herz vom Boden zu lösen. Es zerbrach krachend zwischen seinen Füßen.

Johann Daniel hatte nicht wahrgenommen, wie stark sein Herz klopfte. Dann stakste er mit den zwei Teilen eines zerbrochenen Herzens an seinen Füßen aus der Mühle seines Vaters nur ein paar Meter durch den Ort. Dabei betete er inständig, dass ihn weiter kein Fluch und kein Unheil mehr einholte. Während dieser unbeholfenen Schritte durch den Ort wusste er nicht, was ihn mehr belastete, die Schwere der beiden Herzstücke an seinen Füßen oder die Gewissheit, dass es beim besten Willen wieder einmal nicht mit rechten Dingen zuging.

Irgendwann später kehrte Johann Daniel Gerhard zurück zur Gemeindemühle. Eine unbestimmbare Traurigkeit überfiel ihn, als er von außen an der Fassade entlangblickte. Er dachte nicht nach, als seine Handflächen, wie fremd geführt, über die Fassade strichen. Plötzlich spürte er eine Kraft hinter der Tür. Ein Zeigefinger war es, der gleichzeitig vor seinem geistigen Auge aus dem Dunkeln der Mühle auftauchte, ihn lockte, nicht zu verharren sondern einzutreten.

Johann Daniel zwinkerte, versuchte mit diesem kurzen Blinzeln den Spuk zu verscheuchen. Er atmete einmal tief ein und wieder aus. Dann gab er sich einen Ruck und sperrte mit einer Umdrehung das Schloss von außen zu. Johann Daniel Gerhard betrat die Gemeindemühle nie wieder. Über dieses gebrochene Herz, was es gewagt hatte, seinen Schritt zu behindern, als er es vernichten wollte, über dieses Geschehnis verlor er keiner Seele gegenüber je ein Wort.

Letzte Gedanken des Räubers Hans Bast Nikolai

Coblenz, Militärgefängnis Ehrenbreitstein
21. November 1801

Und Jesus spricht: „Ich bin … der Weg … die Wahrheit …
und … das Leben.
Niemand … aber auch niemand … findet den Weg … zur …
Allmächtigkeit … denn … durch … mich …“

Und ich bin Hans Bast Nikolai. Ich atme diesen Bibelvers noch einmal in mich ein und empfinde eine tiefe Befriedigung. Keiner hat dem Tod so oft in die Augen gesehen, niemand seinen heißen Atem so häufig in seinem Nacken gespürt, seine Kraft so brennend in den Adern gefühlt wie ich. Aber wo der Tod bestimmt, da herrscht auch das Leben. Wer kann das besser sagen als ich? Niemand hat so viele einsame Menschen glücklich gemacht, so vielen Erkrankten Hoffnung geschenkt, Verirrten im Moment ihres elenden Daseins zu Sinn verholfen wie ich.

„Ich bin der Weg, die Wahrheit und das Leben …“

Ich bin einer der Räuber der berüchtigten Moselbande, deren Taten einige Friedensrichter und Kommissare über viele Jahre in Atem hielten. Der Spuk der Überfälle dieser berüchtigten Horde begann mit der Besetzung der Franzosen im Rhein-Moselland 1794 und endete am 1. September 1799 vor dem Schwurgericht in Coblenz. Endlich waren dreizehn Männer dingfest gemacht, die mit hängenden Gesichtern ihren Prozessen lauschten. Zu diesem Spektakel waren 71 Zeugen geladen. Die Gerichte verhandelten insgesamt über 36 Taten dieser Gauner, die harmlosen davon waren zahlreiche Pferdediebstähle. Aber weiterhin gingen auf ihr Konto Erpressung, Straßenraub, Brandstiftung, Körperverletzung, Raub mit Mordversuch sowie insgesamt acht Morde. Am Ende aller Ermittlungen waren die Richter zu dem Ergebnis gekommen, ich sei der Rädelsführer jenes Haufens zügelloser Entmenschlichung, der kalte Planer im Hintergrund und ich ... war es auch. Aber nun schlägt auch meine letzte Stunde. Denn ich bin der letzte Verurteilte dieser Runde.

Es ist fünf Uhr morgens. Nur noch ein paar Augenaufschläge sind mir in diesem Leben gegönnt und dann wartet das Blutgerüst auf mich.

„Und fürchtet euch nicht, denn der Herr und seine Größe sind nah."

Ich habe keine Angst vor dem, was in wenigen Stunden vor mir liegt, denn das, was einst mein wirklich erfülltes Leben war, ist schon lange Vergangenheit.

Am 21. August 1800 wurde ich in Bausendorf mitten im Marktgeschrei von Gendarmen aufgegriffen, zum Coblenzer Militärgefängnis geschleppt, und elf Monate später begann dieses Getöse von einem Prozess, der Anfang meines Endes.

Zehn Verbrechen wurden laut verlesen, darunter vier Morde an der Familie Krones auf der Sprinker Mühle, daneben die Enthauptung des Schwachkopfs Theodor Mungel bei Bad Bertrich. Und dann stand vor allem der Mord an diesem französischen Offizier Laurent D'Aubry auf meiner Liste. Seine kümmerlichen Überreste wurden Ende Oktober 1796 auf dem Reiler Hals von Friedensrichter Adami aufgestöbert und verrieten seinen Tod durch einen Messerstich in seinen Nacken. Dieser Kerl hatte es wirklich nicht anders verdient.

Ja, ja, mein bester Freund der Tod. Das vorletzte Mal, als er wieder einmal hartnäckig an meine Pforte klopfte, war am 2. August 1801. Das Coblenzer Gericht hatte das erste Mal das Todesurteil über mich ausgesprochen. Aber die hohen Herren Richter leisteten sich einen Formfehler und so wurde dieses Urteil vom Geschwornenengericht in Trier wieder aufgehoben.

Doch der Tod ließ mich nicht mehr von seiner Angel. Allzu oft hat er mit vielen Bissen seinen Hunger an meiner Seele gestillt und eitrige Wunden hinterlassen. Doch sein Appetit an mir war nie vergangen. Am 21. November 1801 wurde ich ein zweites Mal angeklagt, und dieses Mal tönten fünf Morde durch den Gerichtssaal. Danach hörte ich mein endgültiges Todesurteil. Nie habe ich je eine einzige der mir zur Last gelegten Taten gestanden und werde es auch bis zur letzten Sekunde nicht tun.

Ich bin nicht allein, während meine Gedanken noch einmal durch mein ziemlich bewegtes Leben geistern. Ein Vertreter des Jesuitenordens trat vor einigen Minuten in meine feuchte Zelle und seitdem muss ich seine Nähe erdulden. Als die Zellentür hinter ihm zuschlug, spürte ich seine knochige Hand in der meinen und gleichzeitig seinen Atem in meinem Gesicht. Mit diesem eher schlechten Luftzug in der Nase hörte ich seinen Namen, und nun füllt die Gestalt von Pater Ignatio die Hälfte meiner kalten, dämmerigen Zelle.

„Ich gebe dir geistlichen Beistand, mein Sohn, für die letzten Minuten deines Lebens. Bereue und gestehe deine unchristlichen Taten und du wirst Teil des ewigen Himmelreichs unseres Herrn. Sei getröstet. Unser Vater wird auch dich in seinen gnädigen Armen empfangen“, klang es aus einer schmalen, dunklen Spalte. Seine Worte verwandelten sich in aufsteigenden Dampf, als sie durch spröde Lippen glitten und mich mit einem Geruch einhüllten, der mich verdammt an Alkohol erinnerte.

„Aber du musst auch etwas tun für den heiligen Trost, mein Sohn. Tue Buße, erzähle mir alles, was dein erschwertes Gewissen belastet. Erleichtere dich, bevor deine letzte Stunde kommt und dich zwingt, Abschied zu nehmen, und deine Seele wird in das Reich der Christenheit eingehen, in Ewigkeit, Amen.“

Ich blicke in seine faltigen und unregelmäßigen Gesichtszüge und habe eine Ahnung. Vielen Menschen in meinem Leben habe ich ins Innere geblickt, und jener hageren Gestalt sehe ich an, dass sie etwas anderes antreibt als mein Seelenheil. Der Kutte entströmt ein moderiger Geruch, und in den Augenwinkeln des Paters tanzen die Funken einer lauernden Gier. Er selbst ahnt sicherlich nicht, wie kümmerlich ich sein Auftreten finde. Sein Blut gleicht einem tosenden Orkan unerfüllter Gelüste. Er bildet sich ein, das schummerige Licht dieser Zelle hält seine flatternde Habgier vor mir verborgen. Außerdem ist er felsenfest davon überzeugt, er erwische mich in einem schwachen Moment. Er denkt, ich sinke in die Knie vor seiner preisenden Botschaft. Er erwartet vielleicht, dass die pure Verzweiflung mich quält, und ich kurz davor bin, in eine ungebremste Tränenflut auszubrechen. Doch dieser zwielichtige Geist vor mir ist beim besten Willen nicht der Richtige, in den Kern meiner Wahrheit vorzudringen. Viel zu weit ist er davon entfernt zu erahnen, dass mir sein Beistand nur Überdruss beschert. Aber was will er wirklich von mir? Soll er mir noch etwas entlocken, bevor das Begehrte zusammen mit mir endgültig im Jenseits verschwindet?

„Vertrau mir, mein Sohn, du musst wissen, du kannst mir alles erzählen ... alles.“ Eine rasche Zunge leckt trockene Lippen und hinterlässt Speichel in den Mundwinkeln. Angetrocknet verwandelt dieser sich in kleine Krusten. Schimmern diese auch noch rötlich? Na warte, auch du wirst für deinen elenden Schein bezahlen!

Denn, wer hoch hinaufsteigt, der fällt tief. Wer kennt ihn besser als ich, diesen Tiefsturz direkt in die grellste Mitte der Hölle, dort wo die Flammen des Leides alles zerfressen, bis nichts mehr übrigbleibt? Wenn man diesem grausamen Inferno nackt, wie gerade geboren, entronnen ist und dann doch ein anderes Leben begonnen hat, was kann der Tod einem Gepeinigten noch anhaben?

Chronisten werden eines Tages versuchen, meinen Lebensweg für die Nachwelt zu verewigen. Was werden sie schreiben?

Vielleicht beginnen sie wie folgt:

Es geschah im September des Jahres 1794, als im Ort Krinkhof in der Nähe von Hontheim ein Mann auftauchte, der aufgrund seines Erscheinens vom ersten Moment an den ganzen Ort in seinen Bann zog. Seine herausragende Größe, seine dunklen Augen, sein wohlgestaltetes Gesicht und sein Auftreten brachten sofort Unruhe in die Dorfbevölkerung. Seine beiden Töchter bewegten sich links und rechts von seinem Gang. Katrin und Maria, beide schön und groß wie er, verstärkten seinen Glanz, erhöhten die Aufmerksamkeit um ihn und alles, was ihn ausmachte. Alle drei schienen aus einem Guss zu sein. Die Gesichtszüge der Töchter und des Vaters, ihre katzenhafte Geschmeidigkeit, die Form ihrer Augen, die in Spuren Geheimnisse verrieten, ähnelten einander auf sonderbare Weise.

Nikolai selbst hatte sein Geburtsdatum mit 1750 angegeben, und selbstverständlich stammte er aus einer ehrbaren Hofmannsfamilie. Bonsbeuren war der Ort seiner Kindheit gewesen. Zeitzeugen behaupteten, Hans Bast Nikolai habe kurz nach seiner Ankunft in Krinkhof einer jungen Frau aus dem Ort derart heftig den Hof gemacht, dass sie gar nicht anders konnte, als diesen Mann mit seinen starken Armen und warmen, sanften Händen rasch zu heiraten.

Anna Cochems aus Krinkhof war wesentlich jünger als er. Bald war das ganze Dorf vor Aufregung auf trippelnden Füßen unterwegs. Denn es dauerte nicht lange und Anna gebar diesem Herkules in Lederschürze achteinhalb Monate nach ihrer Eheschließung ein Mädchen.

Hans Bast Nikolai hatte sich inzwischen in Krinkhof eine Werkstatt eingerichtet, und er war Schmied aus Leidenschaft. Funken schlugen hoch, wenn er seinen Hammer schwang. Hell klang es über seinen Hof, wenn Eisen auf Eisen schlug. Mit seiner fahrbaren Werkstatt zog er über die Lande. Schon von weitem begrüßten ihn freudig hüpfende Kinder und bellende Hunde auf der Landstraße. Seine Geschicklichkeit bei der Reparatur von Deichseln, Karosserieteilen, Pflügen und anderen Gerätschaften zur

Bestellung der Felder verbreitete sich wie ein Lauffeuer über die Eifeldörfer. Man lud ihn zum Essen ein, beherbergte ihn, lachte, schwatzte mit ihm und sprach mit ihm über Pferde, sein Lieblingsthema. Hans Bast erkannte sofort jedes Pferd wieder, wenn er die Hufe einmal in seinen Händen hatte.

Aber neben einem stattlichen Körper sollten auch Heilkräfte sein eigen sein, so flüsterte man eines Tages. „Holt Hans Bast, er kann helfen", hieß es bei Fieberschüben, Darmbeschwerden und auch heftigen Gemütsverstimmungen. Mit Salben, Säften und Lotionen schaffte es Nikolai, Beschwerden aller Art zu lindern. Er stünde auch im Pakt mit dem Übersinnlichen, so hörte man bald sprechen. Warum sonst stieg jedes Mal nach seiner Behandlung Rauch aus den Schornsteinen? Er jage die bösen Geister zum Kamin hinaus, beantwortete man diese düstere Beobachtung. „Er ist nicht nur ein Teufelskerl, er muss mit ihm auch in einem Bund stehen", wurde hinter vorgehaltener Hand gemunkelt. „Er ist voller Geheimnisse", wisperten Stimmen von Tür zu Tür. „Wenn einer begnadet ist, dann er", nickten Köpfe in Richtung seiner Werkstatt. „Die Kräfte des Herrn sind auf seiner Seite," raunten seine Anhänger in einer Mischung aus Furcht und Bewunderung. „Stell dich bloß gut mit ihm", herrschten sich Nachbarn untereinander an, „denn wenn er in der Lage ist, die Niedertracht zu vertreiben, dann zaubert er sie dir auch wieder ins Haus."

Ja, ja, schlaue Leute werden vielleicht eines Tages diese Dinge über mich schreiben. Denn sie reden viel, die Menschen auf den Dörfern, und werden es immer tun. Tatsache ist, dass mein Vater mir das Schmiedehandwerk beibrachte. Und wer Pferden nah kommt, ihre Hufe beschlägt, ist auch fähig zu erkennen, ob der Gaul krank ist oder gesund. Ich habe nie widersprochen, wenn es zwischen den Häusern von Krinkhof rumorte, ich besäße Heilkräfte und diese hätten wieder einmal ihre Allmacht zur Gesundung bewiesen. Warum sollte ich? Ich habe die Knechte und Mägde in ihren Stuben das Garn über meine Wundertaten spinnen lassen. Heimlich wurden dann diese Fäden schwindeliger Gerüchte über die Höfe von Krinkhof gezogen. Hoffnungen klebten reichlich daran. Sie waren voll von Sehnsüchten nach besseren Tagen. Nicht nur prall gefüllte Scheunen, volle Mägen und gesunde Rindviecher wurden dringend gewünscht, sondern die Menschen lechzten danach, mehr Glück und Liebe möge endlich in ihre bescheidenen Behausungen einziehen.

Eine Kaserne in Trier war mein Zuhause gewesen, bevor ich sie gegen dieses Dorf am Rande des Kondelwaldes eintauschte. Zehn Jahre lang war ich Flügelmann bei den Grenadieren, einer Eliteeinheit der Kurtrierer, und stationiert in der Nähe des Kurfürstenpalastes. Bis der Krieg im Jahr 1792 ausbrach, war dies die schönste Zeit meines Lebens. Und geliebt habe ich mein Leben als Elitesoldat über alles.

Unser Kompanieführer nannte sich Graf von Mercandin. Ein derart wohlklingender Name weckt eigentlich die Vorstellung an eine blendende Figur von Glanz und Würden. Aber diese schlappe Gestalt mit Adelstitel und sonstiger Maskerade von Schein und Sein war weit davon entfernt. Er war ein Aufschneider ohne jeglichen Mumm, ein Nichtsnutz im Feld und ein Feigling vor dem Herrn. Ungelenk wie er war, gab er einen schlechten Soldaten ab und einen jämmerlichen Reiter. Krummbuckelig hockte er bei unseren Drillübungen auf seinem Schimmel, auf welchem er bar jeglicher Gefühle für die Bewegungen seines armen Gaules hin- und herrutschte wie ein Sack mit Blei.

Mercandin muss meine Gedanken geahnt haben. Ich weiß, mit meinem hohen Wuchs und schneidig breiten Schultern war es meine Gestalt, die während der Paraden vom zuschauenden Volk an den Schranken vor dem Kasernenplatz die meisten Blicke erntete. Und einer jener Blicke schwankend zwischen bohrendem Unglaube und abgrundtiefer Missgunst gehörte ihm. Die Zeit dehnte sich jeden Morgen auf dem Exerzierplatz, während er unendlich häufig das gleiche auf mich fixierte Ritual wiederholte. Er tänzelte mit seinem Schimmel vor meiner Stellung. Seine Augen taxierten mich von oben bis unten. Ich spürte, wie er in Gedanken an jeder Faser meines Körpers entlangglitt, sie ertastete, um sie dann langsam, unendlich langsam zwischen seinen spitzen, weißlichen Fingern zu zerquetschen. „Rührt euch!", tönte sein Appell laut und vernehmlich Momente danach über den weiten Platz, wenn seine Gier, mich zu begaffen, endlich befriedigt war. Ich glaube, er hatte längst begonnen zu planen, wie er mich zerstören kann.

Eine Frau hatte mir schließlich diesen Untergang eingebracht. Und sie war seine Frau. Gräfin Helena Christina von Mercandin war eine geborene Gräfin von Blankenstein, eine Nichte des hochdekorierten Generals Graf Ernst Paul Christian von Blankenstein, ein wunderschönes Geschöpf, welches ich liebte, wie ich nie einen Menschen zuvor geliebt habe und danach nie mehr lieben werde. Aber nicht nur ihr Gesicht war traumhaft, ihr Wesen, ihre Haltung, ihre Klugheit, alles war anbetungswürdig. Als ich ihren Namen zum ersten Mal hörte, sah ich, ohne weiter nachzudenken, eine verwachsene, kleine Frau mit großen Ohren, vorstehender Unterlippe und hängenden Augenlidern vor mir. Aber dann kam alles ganz anders, und ich war nur noch gefangen in der Sucht nach ihrer Nähe, ihrem Atem und danach, ihr Feuer immer wieder in mir zu spüren ...

„Es ist das zehnte Gebot: Du sollst nicht begehren deines nächsten Weib. Du hast eine schwere Sünde begannen, mein Sohn. Gestehe rasch, spreche deine Sünden laut und deutlich und ich sage dir, es wird dir vergeben, tue es jetzt, viel Zeit bleibt dir nicht mehr, sprich rasch, rasch."

Es gab keine Vorsicht, als wir uns liebten. Täglich wanderten Briefe zwischen ihr und mir hin und her, eilten von Hand zu Hand.

Die Zeilen waren voll mit den verwegensten Liebesschwüren. Finger zitterten, wenn wir das Papier entfalteten. Die Botin dieser glühenden Nachrichten war die Zofe von Helena Christina, die eines Tages ihre eigene Herrin an deren Ehemann verriet. Heute weiß ich, er hat das alles so gewollt. Er hatte die Geschehnisse, die sich fügten, nach seinen Plänen vorangetrieben. Bevor es anfing, bestellte er mich eines Morgens in seine Amtsstube.

„Nikolai, ich habe eine Order des Vertrauens für Sie. Unser Kurfürst Clemens Wenzeslaus beehrt uns zu Trier mit einem seiner äußerst seltenen Besuche. Wie immer wird sein Stab an Leibärzten und Hofchirurgen ihn begleiten. Für die Gräfin Helena Christina wurde eine medizinische Konsultation im kurfürstlichen Palast bei dem ersten Leibmedicus des Kurfürsten, Geheimrat Dr. Johann Gottlieb, anberaumt. Ihre Gesundheit ist in letzter Zeit ein wenig geschwächt. Sie sind mit der Sicherheit der Gräfin betraut. Sie begleiten sie bis in den Palast des Kurfürsten hinein und danach wieder zurück in ihre Sommerresidenz."

Wieder einmal trat er bis auf wenige Zentimeter an mich heran. Er hob seinen Kopf, um mir direkt ins Gesicht zu sehen. Ich konnte seinen Atem riechen, erkannte seine gelben Zähne, als er anfügte: „Eitel und selbstherrlich wie Sie sind, geraten Sie jetzt sogar in die Nähe einer Gräfin." Endlich rückte er einen Schritt von mir ab. Er griff zu einer Zigarre und rollte sie ein paar Mal zwischen Daumen und Zeigefinger. „Sie ist übrigens eine Frau, die viele begehren", er drehte sich auf einem Stiefelabsatz noch einmal kurz zu mir, „eben meine Frau."

Als ich ein paar Tage später die Gräfin das erste Mal erblickte, hatte der frühe Sommer schon sein Netz lieblicher Frische über das Land geworfen. Ganz im Stil einer Dame, zugewandt der Mode à la grecque trug sie ein lindgrünes Kleid aus leichtem Musselin, ihre reizvolle Figur in diesem Traum aus Stoff konnte ich erahnen. Ihre Augen von der Farbe heller Efeuranken sprühten vor Lebensfreude.

Ein Meer goldener Sommersprossen schien ihr sanft ins Gesicht gepudert. Eine champagnerfarbene Lockenflut lag weich auf weißen Schultern, umspielte ihre mädchenhaften Gesichtszüge. Eine Mimik, geprägt von einer unglaublichen Wandlungskunst, lachte mich an. Ich nahm ihre Hand, küsste sie, blickte in ihr Antlitz: „Madame, Hans Bast Nikolai, ihr treuester Diener und stets zu Diensten. „Je m'éprends de vous, ich verliere mein Herz an Sie", betörte ich sie später mit meinem Französisch ohne eine Spur von Akzent. Bevor mein Auftrag am gleichen Abend endgültig erfüllt war, hatte ich ein kleines Briefchen in der Hand. Noch in der gleichen Nacht schlüpfte ich auf der Rückseite ihrer Residenz durch den schmalen Spalt einer Steintür und von dort aus durch einen Geheimgang über den kürzesten Weg in ihre private Kemenate. Sie fiel mir in die Arme wie eine reife Frucht, deren süßes Fleisch nur die sanfteste Berührung brauchte, um ihre schützende Verschalung abzustreifen.

Am 7. August 1794 begann der Kampf um die Stadt Trier. Wir Grenadiere waren beauftragt, die Stadt von der Konzer Brücke aus zu verteidigen. Anfänglich ermüdeten die Franzosen an unseren zahlreichen Verschanzungen. Doch dann rückte der Feind, völlig überlegen, mit aller Macht immer wieder gegen uns vor und eroberte nach und nach alle wichtigen Stellungen. In der Nacht vom 8. auf den 9. August bildete nur noch unsere Kompanie die Nachhut auf der Konzer Brücke. Überall erkannten wir die feindlichen Wachtfeuer als ein Belagerungsring um Trier herum. Wir waren völlig eingekesselt. Dort wären wir vielleicht verhungert oder dem Feind hemmungslos in die Hände gefallen, denn Mercandin war in dieser aussichtslosen Situation mit einem Mal spurlos verschwunden und alle seine Führungsoffiziere mit ihm. Kopflos dümpelte unsere Kompanie auf ihrem Posten. Ich übernahm das Kommando. Gegen ein Uhr morgens schlichen wir an den feindlichen Vorposten vorbei, klopften an das Mustor der Stadt Trier, wurden eingelassen und versorgt. Als ich am nächsten Tag in die kalten Augen des

Grafen blickte, wusste ich, mein Ende naht. Ich musste verschwinden. Niemals hätte er sich zur Schmach seiner Fahnenflucht bekannt, seinen Vaterlandsverrat jemals öffentlich zugegeben.

Eine Woche nach der Besetzung der Franzosen war ich aus der Elitegarde der Kurtrierer Grenadierkompanie entlassen, unehrenhaft, allem beraubt, ohne Sold und ohne jegliche Chance auf eine Rehabilitation.

„Nikolai“, so seine Worte Tage zuvor. „Wie ausgesprochen geschmacklos Sie diese Briefe schreiben. Ihre niedere Herkunft ist unverkennbar. Wie lange geht das schon? Wissen Sie eigentlich, was mit einer Ehebrecherin geschieht?“

„Lassen Sie sie! Nehmen Sie ihr nicht die Ehre! Nehmen Sie ihr nicht ihren Glanz, Liebreiz und ihren Lebensmut!“

„Wenn Ihnen diese Frau so wichtig ist, können wir die ganze Angelegenheit so drehen, dass alles gegen ihren Willen geschehen ist. Sie haben Schande über sie gebracht. Denn Sie haben ihr Gewalt angetan.“

„Ich nehme selbstverständlich alles auf mich. Aber bitte verschonen Sie sie!“

„Gut, ganz wie Sie wollen. Aber dann wissen Sie auch, was Ihnen blüht. Ihre unehrenhafte Entlassung geschieht mit sofortiger Wirkung, ohne Orden für Ihre Heldentaten im Krieg und keinerlei Pensionsansprüche für Ihre inzwischen stattliche Anzahl von Dienstjahren. Und morgen früh um sechs Uhr erwartet Sie zur Strafe für Ihr Vergehen Spießrutenlaufen.“

Wieder trat er dicht an mich heran. „Morgen um diese Zeit liegst du halbtot am Boden“, hörte ich noch seine spöttischen Worte, „und ich, ich muss dich nie wieder vor meinen Augen dulden“, flüsterte er leise hinterher. Was dann folgte war der stärkste Tod, den ich bis dahin erleiden musste und um ein Haar hätte er gewonnen.

„Mein Sohn, du bist nicht nur angeklagt, zahllose Diebstähle begangen und mehrere Menschen getötet zu haben. Mit dem Teufel hast du dich eingelassen, angeblich um Bittende von ihren quälenden Geistern zu befreien. Wenn du zu deinen Methoden eine schriftliche Hinterlassenschaft hast, gib sie mir. Wir haben nicht mehr viel Zeit. Sie ist bald abgelaufen. Händige mir deine Hexereien aus und dann wird dir vergeben werden. Aber du musst es jetzt tun. Ich habe es bei meinem Kommen mit eigenen Augen gesehen. Die einzelnen Teile deiner Guillotine haben Arbeiter schon die ganze Nacht mit viel Sorgfalt zusammengezimmert. Die Treppe, die du besteigen wirst, steht schon fest. Es eilt. Gib mir jetzt alles, was du hast. Gib es mir jetzt!“

Ach, daher weht der Wind. Der Pfaffe mit seinen salbungsvollen Worten verfällt in einen scharfen Tonfall und ich sehe, wie er zum Greifen seine knotigen Hände vorstreckt. Er steht unter Druck. Er will diese Zelle nur mit meinen Rezepten zur Heilung von Krankheiten und Unpässlichkeiten verlassen. Die Jesuiten sind Schnüffler und auch Geheimniskrämer, die stets nach Formeln suchen, die ins Übersinnliche führen. Immer den anderen einen Schritt voraus zu sein, ist das, was sie stets antreibt. Das ist die Antwort. Sein Orden bedrängt ihn, diese Zelle mit Ergebnissen zu verlassen. Das Erbe der Kati Cochems aus Krinkhof ist das, was sie wirklich wollen. Wenn ich die Kati, die Mutter meiner redlichen Anna, nach meinem Sturz ins Bodenlose nicht gehabt hätte? Denn nach diesem Rauswurf bestimmte nur noch die pure Bitternis mein ganzes weiteres Handeln.

„Ein Schritt vom Weg, man find’t nie mehr zurück.
Ich pfeif’ auf das, was die Herren Recht nennen
- Recht und Gesetz -
All das machen sich die zurecht, die zu brechen und zu beißen
haben und die vornehm sind, die nicht ins Elend gehen müssen.
Mit Fingern haben sie auf mich gezeigt, mit langen Ruten auf
meine Knochen eingeschlagen.
Ich spür’ es heute noch.“

„Geweint hast du nachts diese Verse, mein Lieber", mit diesen Worten begann die erste Begegnung mit Kati Cochems aus Krinkhof. „Ein müder Klepper hat dich zu deiner Freundin Buzliese in das berüchtigte Gasthaus Eulenpütz geschleppt und dich dort blutend im Unterkleid abgeladen. Fast totgetrunken hättest du dich in diesem Wirtshaus. Bei Nacht und Nebel ist die gute Buzliese nach Krinkhof geeilt und hat an meine Tür geklopft. Sie berichtete mir von deinem Elend. Ich kannte deinen Vater", so weiter die Kati. „Dein Alter hatte mir einmal vor vielen Jahren geholfen, aufgewühltes Volk von mir fernzuhalten. Bauern und Knechte wollten mich mit Mistgabeln und Äxten zu Tode foltern und dein Vater ging dazwischen. Er verscheuchte sie. Damals half er mir. Und nun helfe ich dir. Meine Galle ist schwarz und mein Blut rinnt nur noch zäh durch meine Adern. Ich werde nicht mehr lange leben. Ich brauche einen Nachfolger, einen Mann wie dich.

Ich habe unendlich viele Kräuterrezepte gegen alle möglichen Formen von Leid an Leib und Seele. Ich habe Mittel, Soldaten vor einer Schlacht in einen Rausch zu versetzen, damit sie mutiger und furchtloser werden. Pferde werden zu Furien, damit sie den Kampf an der Front nicht scheuen. Ich kann sie auch wieder in sanftmütige Gefährten verwandeln, und so geht es endlos weiter. Ich kann dich in diese Welten geheimnisvoller Rezepturen einführen, aber du musst daran glauben und es zulassen.

Auch Wunder folgen ihren eigenen Regeln. Ich weihe dich in alles ein. Aber dafür musst du auch etwas für mich tun. Meine Tochter Anna wurde von ihrem Liebsten sitzengelassen. Der Untreue hat gestern die Tochter vom Amtmann aus Hontheim geehelicht, und nun weint sich meine Anna die Augen aus. Auch trägt mein Kind noch die Frucht dieses Lügners unter ihrem Herzen. Diese Schande plagt sie fast bis zum Freitod. Heirate sie! Rette ihr Leben, und ich rette deines."

Die Kati Cochems war schon lange keine schöne Frau mehr, wie es einst von ihr geheißen hatte. Als ich sie traf, sah sie aus wie eine Tote aus dem Moor mit ihrem bleichen Antlitz, ihren Augen, die beide starr in gegensätzliche Richtungen stierten. Graue Strähnen hingen wirr an ihrem dürren Schädel herunter. Ihr Körper war mager und eingesunken, welk und fleckig die Haut ihrer Hände.

„Meine Anna hat ein Gesicht wie ein geduldiges Schaf. Sie ist keine prickelnde Schönheit wie deine Helena. Aber sie ist ein gutes Mädchen und wird dir eine treue Ehefrau sein. Sie ist übrigens eine Näherin. Säume aller Art sind ihre Spezialität, und außerdem besitzt sie außerordentliche Fähigkeiten im Klöppeln. Auch hat sie ein eigenes Handbuch entworfen mit nur ihren eigenen Mustern. Nebenbei ist sie eine Meisterin im Freihandspitzen. Ihre Flechtspitzen sind das Werk einer richtigen Könnerin und werden gern gekauft. Vielleicht können dir ihre Künste einmal helfen.

Das Haus, in welchem ihr wohnen werdet, war einst meins. Nun gehört es Anna.

Dann noch etwas. Es werden harte Zeiten auf uns zukommen. Die Franzosen plündern sich wieder einmal durch die Lande. Unsere Obrigkeiten haben sie vielerorts schon aus ihren Schlössern gescheucht. Die neuen Herren sind ein Haufen ungehobelter Soldaten und schmarotzender Kriegsgewinnler. Mittellose Handwerker, herumstreunende Tagelöhner und Hausierer werden auf die Idee kommen, Krieg zu führen gegen ihre eigenen Großbauern, gegen Mühlenbesitzer und sonstigen ehrbaren Bürger, die eigentlich dieses Volk ernähren.

Du wirst wieder als Schmied arbeiten, wie du es einmal gelernt hast und dich nebenbei als Heiler in die Herzen siechender Menschen einschmeicheln. Ein Amboss mag deinen Hass auffangen, auf den du einschlagen wirst, als müsstest du dich rächen bis zum Jüngsten Tag. Allerlei Gesindel von nah und fern wird sich an deine Fersen hängen, darunter Verirrte, Verwirrte, Zerlumpte, Heimatlose und Unerfahrene. Gemeinsam werdet ihr alle möglichen Streiche aushecken in diesen aufgewühlten Tagen. Aber lasse es bei

Pferdediebstählen bewenden. Von mir aus raubt die Kasernen der Franzosen leer, stehlt ihre Rösser, aber lasse dich nie zu schlimmeren Taten hinreißen, hörst du! Ich rate dir, führe diesen zügellosen Haufen gut, der sich um dich scharen wird.“

Damals nach dieser Unterredung dauerte es kaum ein halbes Jahr und dann schloss Kati ihre Augen.

„Nikolai, ich höre Stimmen und Schlüssel klirren. Sie kommen. Gleich wird die Tür geöffnet. Dein letzter Gang naht, mein Sohn. Gib mir all deine Aufzeichnungen und deine Seele geht ins ewige Reich. Vielleicht kann ich im allerletzten Moment doch noch eine Begnadigung für dich bewirken. Ich sage einfach, du hast in letzter Minute deine elenden Taten gestanden. Aber dafür, gib es mir jetzt rasch! Wo ist dein Werk der Hexerei?“

„Pater, meine Niederschriften mit meinen wichtigsten Heilrezepten nützen Ihnen nichts. Ich tue Ihnen keinen Gefallen, wenn Sie dieses Papier erhalten. Es ist für Unbefugte nicht nur völlig untauglich. Es bringt Ihnen sogar Unglück. Es schafft denen, für die es nicht bestimmt ist, ganz sicher weder Freude noch Behagen. Also vergessen Sie es! Lassen Sie einfach die Finger davon!“

„Mein Sohn, selbst angesichts des Todes verlässt dich dein Hochmut nicht. Der steht dir kaum zu. Und ob die Sammlung dieser Rezepte mir Gutes tut oder Schlechtes, darüber bestimmst du nicht. Das gaffende Volk für deine Hinrichtung sammelt sich gerade, eine große Menge rumort schon laut auf dem Hinrichtungsplatz. Alle Neugierigen von nah und fern rangeln längst um die besten Plätze, geifern um die Wette, in welchem Moment endlich dein Kopf rollt.“

„Ach Pater, ich bin es gewohnt, dass das Volk mich mit Blicken frisst. Jammergeschrei des Bedauerns wird mich von den Gästen da draußen begleiten, wenn ich den Vorhang durchschreite vom Diesseits ins Jenseits. Hier nehmt das Papier. Ich habe noch die

Verheißung beigefügt: Ich bin der Weg und die Wahrheit und das Leben. Niemand kommt zum Vater …“

„Ja, ja, mein Sohn, gib her!“ Kurz streift seine Hand meine. Sie ist eiskalt und feucht. Seine hastig grapschenden Finger zerren mir die wenigen Seiten aus den Händen und hinterlassen einen Film von Nässe auf dem Rücken meiner rechten Hand. Mir fröstelt. Er leckt noch einmal über die rissige Haut seiner Lippen. Plötzlich gleitet ein entrücktes Lächeln darüber.

„Natürlich habe ich dir, Pfaffe, keine originalen Rezepte in die Hand gedrückt“, hetzen meine letzten Gedanken. „Es sind nur ein paar lose Blätter mit wenigen Lebenserinnerungen, nur ein paar innige letzte Gefühlsduseleien. Gestern durfte meine Frau Anna ein letztes Mal meine Zelle betreten. Einige Aufträge für die Zukunft konnte ich ihr noch erteilen, sie mit Dingen beauftragen, die ich selbst nicht mehr werde beenden können. Sie ist in alles eingeweiht. Sie wird mein Werk fortführen oder meine Botschaft auch an meine Kinder und Kindeskinder weitergeben. Weder als furchterregende Scheusale, die einsam durch die Wälder streifen, noch als atemberaubende Schönheiten oder sittsame, zarte Wesen werdet ihr meine Nachkommen je erkennen. Dennoch werden in den nächsten Jahrzehnten seltsame Dinge geschehen. Ungeheuerliches wird Geschichte schreiben und Tränen auf geplagten Gesichtern hinterlassen. Geschehnisse werden die Menschen überall dort in den Orten und Regionen überraschen und zum Zittern bringen, wo wir einst zu Fuß oder zu Pferd Land und Leute in Atem hielten.

Ihr hohen Herren glaubt, alles Übel mit dieser neuen Tötungsmaschine aus der Welt zu köpfen. Aber ihr seid im Irrtum. Unser Wirken ist noch lange nicht vorbei. Und du verlogener Pfaffe, du ausgemergelter, scheinheiliger Vertreter der seligen Christenheit, wagst es auch noch, meinen letzten Moment der Besinnlichkeit mit deiner Scheinheiligkeit zu durchkreuzen, um dich an meinen kostbaren Kenntnissen zu bereichern. Mit diesen willst du dich nur aus dem Sumpf deiner Nutzlosigkeit hieven. Dafür gebe ich dir noch einen ganz besonderen Fluch mit auf den Weg!“

Die Tür öffnet sich plötzlich. Drei Männer mit hohen schwarzen Kastorhüten stehen vor mir. Ein paar Gedanken gelten noch meiner Retterin, Kati Cochems, während sich ihr Gesicht plötzlich noch einmal in mein Gedächtnis drängt. Bedächtig setze ich meine Schritte zum Zellenausgang, gönne mir noch ein letztes Zwiegespräch einer Erinnerung mit ihr.

„Liebe Kati, der Haufen Haltloser ist mir eines Tages entglitten. Rauschmittel habe ich ihnen gegeben, damit sie bei ihren nächtlichen Streifzügen, während sie die Ställe leerräumten, mutiger, furchtloser und sicherer werden. Doch sie schluckten diese Hilfsmittel wie Wasser zum Durstlöschen. Nimmersatt schrien sie nach mehr, mehr und mehr. Diese brutalen Morde geschahen. Immer widerwärtiger wurden ihre Überfälle, immer unerbittlicher ihre Gewalt. Ich sah mich gezwungen, diesen Taten einer wachsenden Unmenschlichkeit Einhalt zu gebieten. Deshalb habe ich die Kerle an die Richter verraten, dem Friedensrichter Adami einen Wink gegeben. Ich erinnerte mich dann doch noch an deinen dringenden Auftrag kurz vor deinem Tod und wollte unbedingt zurück auf meinen Pfad der Redlichkeit und der Treue. Doch dieser Weg zurück war eines Tages versperrt.“

„Johannes Sebastian Nikolai. Es ist soweit. Gehen wir!“

Was werden die Chronisten eines Tages sonst noch in einem Nachruf über mich schreiben?

Sein Haus war der Sammelplatz von allen Räubern, bis die Moselbande im Jahr 1799 endgültig zerschlagen wurde. Den Auftakt hierfür bildete der Frieden von Campo Formio zwischen Napoleon und Franz II. von Habsburg am 17. Oktober 1797. Als Generalregierungskommissar wurde Franz Rudler ins Amt geholt, dem es dann gelang, effektive Verwaltungsreformen in vier rheinischen

Departements durchzusetzen. Die Franzosen ließen zu, dass eine berittene Gendarmerie endlich gegen kriminelles Gesindel vorging. Hans Bast Nikolai bewies einen guten Instinkt für den Geist der Zeit. Denn er beeilte sich, als Kronzeuge vor Gericht gegen seine eigenen Komplizen aufzutreten, bis die Verhafteten Richard Bruttig, Johann Jakob Krämer, Niklas Dahm, Johann Enk, Niklas Schwarz und Heinrich Simonis am 11. September 1799 zum Tode verurteilt wurden. Weitere Räuber wie Georg Schenk, Niklas Kohl und Ernst Peter Simonis erhielten langjährige Kettenstrafen und 14 Jahre Gefängnis.

Hans Bast Nikolai war offensichtlich davon überzeugt gewesen, mit seinen Geständnissen zulasten seiner Gefolgschaft, den Richtern zu imponieren. Er hatte erwartet, sie mit seiner Schlagfertigkeit, seinem Verstand und seinem Auftreten vor Gericht für seine Person einzunehmen. Doch diese Rechnung ging nicht auf. Insbesondere das Geständnis des überführten und verurteilten Räubers Christian Hochscheid holte ihn ein, der sich für den Verrat an ihm und an den Komplizen rächte und Nikolai alle in dieser Zeit begangenen Morde in die Schuhe schob. Die Richter glaubten dem verwahrlosten Müller aus Reil.

Lange soll sich Nikolai geweigert haben, den Ernst seiner Lage zu erkennen und stattdessen geglaubt, sein Prozess sei nichts anderes als ein Schauspiel, lediglich um ihn zu erschrecken. Als es Nikolai nach fünf Prozesstagen vor Gericht allmählich dämmerte, dass er das Spiel doch verloren hatte, ging folgender Austausch zwischen dem Richter und ihm in die Geschichte ein.

„Wie kam es, dass Ihr Haus zum Sammelplatz aller Verbrecher und Mörder wurde?“, fragte der Vorsitzende Richter Lebens. „Oh nein, Citoyen Collègue“, hatte Nikolai erwidert, „nicht alle sind bei mir eingekehrt, denn ich habe Sie noch niemals dort gesehen.“

Der Morgen des 21. Novembers 1801 war ausgesprochen kalt gewesen, als Nikolai das Blutgerüst bestieg. Er hob noch ein letztes Mal seinen Kopf in die Höhe und erkannte, wie die Sonne mit ihrer

Helligkeit soeben die Erde begrüßte. Sie war in Begleitung von weiten und breiten Bändern von Schleierwolken. Sie schimmerten so feuerrot über das Land, dass sie blendeten. Nikolai schaute sie kurz an. Dann schloss er die Augen.

Nur kurze Zeit später eilte Jesuitenpater Ignatio auf der gegenüberliegenden Seite der Moselmündung mit schnellen Schritten der Basilika St. Kastor entgegen. Ein kleiner Stoß Papier befand sich im festen Griff seiner rechten Hand, schaukelte mit dieser in heftigem Schwung auf und nieder. Der Pater hastete am Gebäude der Generalkommandantur Coblenz vorbei, betrat die Kastorstraße und steuerte schnurgerade auf den Nordeingang der Basilika zu. Taub für die Geräusche um ihn herum, ahnte er in diesem Moment noch nichts von einem seltenen Unglück, welches sich bald in seinem Rücken ereignen sollte.

Eine Geisterdroschke mit einem Gespann von vier Pferden war kurze Zeit vorher mit einem unglaublichen Tempo führerlos in die Kastorstraße hineingejagt und steuerte auf die Basilika zu. Spaziergänger flüchteten in Hauseingänge, drückten verschreckt ihre Hände vor die Gesichter. Pater Ignatio hatte nicht einmal Zeit, sich nach dem dröhnenden Gestampfe wild hetzender Pferde hinter ihm umzusehen, als deren Hufe seinen Körper bereits zu Boden trampelten. Ein Schweifriemen hatte sich aus dem Gespann eines der Zugpferde gelöst. In dieser fliegenden Schlaufe verfing sich der rechte Fuß des Paters und schleifte den Jesuiten Ignatio Nicolas Caritat viele Meter wie eine leblose Puppe durch den Straßenstaub. Sein magerer Kopf trommelte im heftigen Takt des rasend fliehenden Galopps über die Straße, bis der Fuß des Paters nach etlichen Metern der Schlaufe entglitt.

Es herrschte in diesem Moment ein flatterhaftes Durcheinander, gleich einem Schwarm Bienen in heller Aufregung, unter den Fußgängern. Nur ganz langsam näherten sich einige Zuschauer der Tragödie. Sie schlichen langsam an die Gestalt heran, als hätten die unbedarften Beobachter Angst vor dem Leblosen, der dort im Staub lag. Es war ein Kreis von Ratlosen, der vorsichtig zu ergründen versuchte, ob dem Verunfallten vielleicht noch zu helfen sei.

Die flammenden Schleierwolken dieses Morgens verblassten allmählich an den Hausfassaden, als Beobachter dieser Tragödie sich dem gekrümmten Körper am Straßenrand zögerlich näherten. Fetzen zerrissenen Papiers waren durch den Sog der fliehenden Pferde mitgerissen worden. Nach einem kurzen Flug hatten diese Fetzen sich sacht niedergelassen und bildeten im Halbkreis eine Kette um den leblosen Körper. Sie umgaben den Toten wie ein Kranz, als würden sie ihn für seine letzte Ruhe schmücken. Auf jedem Schnipsel standen mehrere Wörter geschrieben. Ein paar Zuschauer blickten auf die Schrift, die sie dort erkannten. Halblaut murmelte eine Stimme:

Und Jesus spricht: „Ich bin ... der Weg ... die Wahrheit ...
und ... das Leben.
Niemand ... aber auch niemand ... findet den Weg ... zur ...
Allmächtigkeit ... denn ... durch ... mich ...“

Jedes literarische Projekt beginnt mit einer ersten zündenden Idee. Und der Anfang dieses Werkes basiert auf meiner Tätigkeit als Kursleiterin für Integrationskurse bei der Kreisvolkshochschule Cochem-Zell zwischen August 2017 und April 2022. So gilt es insbesondere an dieser Stelle als wesentlich zu erwähnen, dass Herr Herbert Mertes, Leiter der Kreisvolkshochschule und der Kreismusikschule, Cochem-Zell (mittlerweile im Ruhestand) den Anstoß zu diesem Buch gab. Er legte den ersten Meilenstein als Start für dieses Projekt mit der von ihm gestellten Frage: „Hätten Sie nicht eventuell Lust, ein Werk zu schreiben, welches Schauplätze aus unserer Region hervorhebt?" Eine Idee wurde geboren und bald rückten die Hintergründe zur Moselbande und dabei das Leben der Hauptfigur Hans Bast Nikolai besonders in den Vordergrund.

Begleitet wurden dann die Fortschritte zu diesem Buch auch von der Kulturbeauftragten der Kreisverwaltung Cochem-Zell (aktuell Leiterin der Kreisvolkshochschule Cochem-Zell), Frau Franziska Bartels, die mit ihrer engagierten Lektoratsarbeit jede Phase dieses Projekts intensiv unterstützte. Aus diesem Grund möchte ich beiden Personen, Herbert Mertes und Franziska Bartels an dieser Stelle für ihre Begleitarbeit noch einmal meinen aufrichtigen Dank ausdrücken.

Im Zuge der Entstehung des Projektes ergaben sich weitreichende Recherchen. Diese konnten unter anderem deshalb gelingen, weil ich vielerorts auf offene Ohren und Augen der Personen gestoßen bin, die mich bei meinen Sach- und Fachfragen hilfreich unterstützten. Diese Personen standen mir insbesondere mit ihren heimatkundlichen Anregungen und Unterstützungen sowie vielseitigen Ortskenntnissen zur Seite.

Hervorzuheben sind in diesem Zuge aber auch die mehrfach geführten Gespräche über verschiedene Begebenheiten, die im

Zuge ihrer Erörterungen halfen, Licht in Zusammenhänge zu bringen, die zuvor im Dunkeln lagen, verschiedentlich schwer zu deuten waren. Aus diesem Grunde möchte ich den folgenden Personen ebenso meinen aufrichten Dank aussprechen.

Bei der Geschichte „Der Brudermord von Schutz“ verhalf mir der Ortsbürgermeister Thomas Oertlin nicht nur zu einem wesentlichen Überblick, um den Ort zu ergründen, sondern auch zu wichtigen Kontakten, die mich mit historischen Kenntnissen unterstützen. In diesem Zusammenhang möchte ich besonders Frau Renate Wittkuhn-Ring aus Schutz nennen, die mit mir zum einen tapfer Unterholz und dicht bewachsenes Gestrüpp am Rand des Ortes durchkämmte, um die inzwischen zugewachsenen Ruinen der einstigen Rutschmühle ausfindig zu machen. Frau Wittkuhn-Ring ließ mich auch an ihrer eigenen Sammlung weitreichender heimatkundlicher Kenntnisse zum Ort Schutz teilhaben, so dass es mir gelingen konnte, mit Hilfe dieser wichtigen Hinweise die Geschichte entsprechend auszuschmücken. In diesem Zusammenhang möchte ich mich auch bei der katholischen Kirchengemeinde St. Nikolaus in Daun für die Ausleihe einer Chronik zum Thema Familiengeschichte bedanken, aus welcher ich wesentliche Informationen über einige Familien aus dem Ort entnehmen konnte.

Während meiner Recherchen zu der Erzählung „Der Blutrausch von Enkirch“ ergab sich die Kontaktaufnahme zu Herrn Rudolf Hochscheid aus Reil, Nachfahre des Bruders von Christian Hochscheid, Matthias Hochscheid. Herr Hochscheid verhalf mir ebenso zu aufschlussreichen Daten aus dem Familienortsbuch von Reil sowie zu weiterführenden Hinweisen, welche die Mühlen am Alfbach zwischen Bengel und Höllental betrafen, so dass ich auf diese Weise die Eigentümerverhältnisse aus dieser Zeit wesentlich entschlüsseln konnte.

Bei den weiterführenden Recherchen zum gleichen Kapitel gelang es mir in Enkirch, den Touristenführer Herrn Georg kennenzulernen. Herr Georg begleitete meine Recherchen nicht nur mit einem sehr ausgeprägten Engagement. Er stand mir darüber hinaus mit einem ausgesprochen umfangreichen sowie aufschlussreichen Material hilfreich zur Seite. In diesem Zusammenhang möchte ich eine Mühlenführung am Großbach hervorheben, welche Herr Georg durchführte und bei dieser Gelegenheit durch seine Sach- und Fachkenntnisse viele wichtige Fragen zur Betreibung einer Mühle klärte.

BARBARA HENNINGS
Juni 2024, Weiler bei Gevenich

BARBARA HENNINGS ist Diplom-Betriebswirtin, seit 2003 Autorin zahlreicher Veröffentlichungen. 2022 erschien ihr Roman „Rosa Damàs“ in der *edition federleicht*.

Daneben initiiert sie Leseforen in Frankfurt am Main und Umgebung. Für eines dieser Foren erhielt sie 2007 den Kulturpreis der Stadt Bad Kreuznach.

BARBARA HENNINGS
Rosa Damàs
Roman
edition federleicht, Fuldatal 2022
Taschenbuch, 416 Seiten
ISBN 978-3-946112-81-5
20,00 EUR

BARBARA HENNINGS

Rosa Damàs

Roman

Rosa Damàs

Ihr Glanz

Ihr Fluch

Als sich im Jahr 2010 zwei Männer in der Deutschen Nationalbibliothek in Frankfurt am Main begegnen, wissen beide genau, was sie voneinander wollen. Der Alte ahnt, er muss ihn nun hergeben, der jüngere von beiden wird ihn bekommen: Es geht um einen Diamanten. Florentiner nennt sich der wertvolle Stein, der über Jahrzehnte hinweg seine Spuren von Glanz, Fluch und Tod hinterlässt. Und mittendrin: die schöne Künstlerin Rosa Damàs. Eine Lichtgestalt, umgeben von Leidenschaften und Intrigen. Sie gerät in den Nachkriegsjahren und in den goldenen Wirtschaftsjahren nicht nur in den Strudel ihrer großen Liebe, sondern kann auch ihre berufliche Entfaltung leben.

Von ihr und ihren schicksalhaften Begegnungen erzählt der alte Mann in der Bibliothek. Sein junger Beobachter folgt der Erzählung, bis auch ihn am Ende eine Überraschung einholt.

BISHER ERSCHIENEN IM VERLAG

KAREN AYDIN
STERNKOLLISIONEN
ROMAN
Softcover, 410 Seiten
ISBN 978-3-68935-004-8, 20,00 EUR

BERNDT SCHULZ
ROMEO UND JULIA. RELOADED
ROMAN
Festeinband mit Leseband, 310 Seiten
ISBN 978-3-946112-93-8, 24,00 EUR

SYLVIA SCHMIEDER
zusammen bleiben
ROMAN
Softcover, 330 Seiten
ISBN 978-3-946112-94-5, 18,00 EUR

STEFANIE GREGG
KOFFER VOLLER BRIEFE
ROMAN
Softcover, 240 Seiten
ISBN 978-3-946112-88-4, 16,00 EUR
E-BOOK ISBN 978-3-946112-99-0, 10,99 EUR

BERNHARD HORRES
Schmerz.Haft
ROMAN
Softcover, 470 Seiten
ISBN 978-3-946112-89-1, 21,00 EUR

BARBARA HENNINGS
ROSA DAMÀS
ROMAN
Softcover, 416 Seiten
ISBN 978-3-946112-81-5, 20,00 EUR

ALEKSANDRA BOTIC / SUSANNE KONRAD
AM UND IM FLUSS
ROMAN
Softcover, 415 Seiten
ISBN 978-3-946112-79-2, 19,00 EUR

THOMAS BERGER
DER FREMDE ARCHIVAR
ROMAN
Festeinband, 292 Seiten
ISBN 978-3-946112-80-8, 24,00 EUR

JONAS ZAUELS
DIE REISE DES ELIAS MONTAG
ROMAN
Softcover, 212 Seiten
ISBN 978-3-946112-72-3, 13,95 EUR

KAREN AYDIN
SAPPHOS SPRUNG
ROMAN
Softcover, 376 Seiten
ISBN 978-3-946112-71-6, 15,95 EUR

SYLVIA SCHMIEDER
SALING AUS DEM WALD
ROMAN
Softcover, 182 Seiten
ISBN 978-3-946112-70-9, 13,95 EUR

PETER JABULOWSKY
LENA
ZWISCHEN LIEBE UND INTRIGE
ROMAN
Softcover, 308 Seiten
ISBN 978-3-946112-61-7, 14,95 EUR

JONAS ZAUELS
BOHÈME
ROMAN
Softcover, 270 Seiten
ISBN 978-3-946112-58-7, 14,00 EUR
E-BOOK ISBN 978-3-946112-64-8, 10,99 EUR

JANNIS RAPTIS
ELASPHERA
Band 1 – Der Fall des Kaisers
ROMAN
Softcover, 876 Seiten
ISBN 978-3-946112-48-8, 19,00 €
E-Book ISBN 978-3-946112-65-5, 15,99 €

BIRGIT SINGH-HEINIKE
KINARE UND DIE UMARMUNG
DER UNENDLICHKEIT
ROMAN
Softcover, 288 Seiten
ISBN 978-3-946112-54-9, 14,50 EUR

BERNDT SCHULZ
SCHÖNE GRÜNE WELT
Episoden vom Land
ROMAN
Softcover, 194 Seiten
ISBN 978-3-946112-36-5 , 14,00 EUR
E-Book ISBN 978-3-946112-43-3, 11,99 EUR

PATRICK WEBER
DER PFAD DES
EWIGEN FEUERS
ROMAN
Softcover, 480 Seiten
ISBN 978-3-946112-34-1 , 16,80 EUR
E-Book ISBN 978-3-946112-39-6, 12,99 EUR

PATRICK WEBER
DER BOTE
DES JÜNGSTEN GERICHTS
ROMAN
Softcover, 390 Seiten
ISBN 978-3-946112-24-2, 14,80 EUR
E-Book ISBN 978-3-946112-40-2, 11,99 EUR

JOHANNES CHWALEK
GESPRÄCHE AM TEETISCH
ROMAN
Softcover, 198 Seiten
ISBN 978-3-946112-35-8 , 13,00 EUR
E-Book ISBN 978-3-946112-42-6, 10,99 EUR

DANA POLZ
DIE ABSONDERLICHE
BESESSENHEIT
DES FRÄULEIN GRISELL
NOVELLE
Klappenbroschur, 100 Seiten,
ISBN 978-3-68935-005-5, 14,00 EUR

ANTHEA BISCHOF
DES ZIMMERMANNS SOHN
VON BLUT UND WEIN
NOVELLE
Softcover mit Klappen, 245 Seiten
ISBN 978-3-946112-33-4, 15,00 EUR

BARBARA HENNINGS
DIE MOSELBANDE
ERZÄHLUNGEN
Softcover, 180 Seiten
ISBN 978-3-68935-003-1
15,00 EUR

BERNHARD M. SCHULZ
LIEBE IST GANZ ANDERS
ERZÄHLUNGEN
ANSGAR SCHULZ-MITTENZWEI (HG.)
Karikaturen von Fritz Wolf
Softcover, 193 Seiten
ISBN 978-3-946112-92-1, 15,00 EUR

BERNDT SCHULZ
GLÜCKLICHE PAARE
IN UNGLÜCKLICHEN ZEITEN
ERZÄHLUNGEN
Softcover, 202 Seiten
ISBN 978-3-946112-68-6, 13,95 EUR

CARINA SCHMIDT
WAS WISSEN HEILIGE
VOM LEBEN
ERZÄHLUNGEN
SOFTCOVER, 156 SEITEN
ISBN 978-3-946112-55-6, 13,00 EUR

SUSANNE KONRAD
WALZER MIT MR. SPOCK
ERZÄHLUNGEN
Softcover, 152 Seiten
ISBN 978-3-946112-53-2, 12,50 EUR

CHRISTIANE WIDROWSKI
JEDES JAHR EIN SCHMETTERLING
ERZÄHLUNGEN
Mit Gemälden von Brigitte Struif
Softcover, 160 Seiten
ISBN 978-3-946112-28-0, 14,50 EUR

MATHIAS SCHERER
VOM IRRWITZ DES ALLTAGS
ERZÄHLUNGEN
Softcover, 210 Seiten
ISBN 978-3-946112-14-3, 15,90 EUR

MARKUS BECKER
SCHWEFELGEDANKEN
Drei Gesänge
Softcover, 152 Seiten
Fotografien: Marco Schütze
ISBN 978-3-946112-82-2, 16,00 EUR

THOMAS BERGER
AUF DICHTERSPUREN
LITERARISCHE ANNÄHERUNGEN
BIBLIOPHILE AUSGABE
Mit Illustrationen von Denis Mohr
Festeinband mit Schutzumschlag
und Leseband, 464 Seiten
ISBN 978-3-946112-52-5
34,00 EUR

THOMAS BERGER
ALBERT CAMUS
ABSURDITÄT UND GLÜCK
ESSAY
Softcover, 80 Seiten
ISBN 978-3-946112-69-3, 12,00 EUR

THOMAS BERGER
WILHELM BUSCH
BEKANNT UND UNBEKANNT
ESSAY
Softcover, 48 Seiten
ISBN 978-3-946112-57-0, 8,00 EUR

THOMAS BERGER
GUTENBERG UND DIE REFORMATION
EIN FOLGENREICHES BÜNDNIS
ESSAY, REIHE V
Softcover, 64 Seiten
ISBN 978-3-946112-32-7, 6,50 EUR

SONST GEHT ES MIR NOCH GUT
FELDPOSTBRIEFE VON GEORG ROLLY
10. Mai 1940 bis 2. Februar 1944
Herausgeberin: Eva Schlingmann
Festeinband mit Leseband, 336 Seiten
ISBN 978-3-946112-45-7, 28,00 EUR

KARINA LOTZ
ALLES AUF EINER KUHHAUT
HEITERE VERSE
Mit Illustrationen von Denis Mohr
Festeinband mit Schutzumschlag, 128 Seiten
Format: 18 x 27 cm
ISBN 978-3-946112-17-4, 18,00 EUR

SVEN BUCHSTEINER
NACHHALLSCHATTEN
GEDICHTE
Mit Bildern von Sonja Crone
Softcover, 164 Seiten
ISBN 978-3-68935-001-7, 18,00 EUR

SYLVIA SCHMIEDER
FREIBURG MEDITATIONEN
GEDICHTE
Mit Illustrationen von Ulrich Birtel
Softcover, 92 Seiten
ISBN 978-3-946112-84-6, 20,00 EUR

DAVID H. RICHARDS
MOSAIKO
GEDICHTE
Softcover, 106 Seiten
ISBN 978-3-946112-62-4, 12,50 EUR

ANDREAS EGERT
fehlfarbenfroh
APHORISMEN
Mit Zeichnungen von Norbert Städele
Softcover, 106 Seiten, 2. Auflage 2023
ISBN 978-3-946112-66-2, 20,00 EUR

... IM LEBEN / ... IN LIFE
ANTHOLOGIE
Festeinband, 48 Seiten
ISBN 978-3-946112-27-3, 12,00 EUR

SUSANNE CONCHA EMMRICH
36 ANSICHTEN VON JAPAN
HAIKUS
Mit Aquarellen von Noriko Quenot
Zweisprachige Ausgabe: Deutsch / Japanisch
Gebunden, 108 Seiten in Farbe
ISBN 978-3-946112-95-2, 30,00 EUR

TONY BÖHLE
PLAYLIST
TANKA
Mit Illustrationen von Valeria Barouch
Softcover mit Klappen, 84 Seiten in Farbe
ISBN 978-3-946112-56-3, 18,00 EUR

BRIGITTE TEN BRINK
& GABRIELE HARTMANN
KNOTEN IM KOPF ...
DOPPEL-RENGAY UND TAN-RENGA
Softcover, 64 Seiten
Format: 16 x 16,5 cm
ISBN 978-3-946112-10-5, 9,50 EUR

DANA POLZ
FRAGIL
REIHE K - das Buch für die Hosentasche
Festeinband, 140 Seiten,
Format: 8,5 x 12,5 cm
ISBN 978-3-946112-73-0, 12,00 EUR

BERNDT SCHULZ
DER GOTT DES GLÜCKS
EINE LIEBESGESCHICHTE
REIHE K - das Buch für die Hosentasche
Festeinband, 176 Seiten
Format: 8,5 x 12,5 cm
ISBN 978-3-946112-60-0, 10,00 EUR

MATHIAS SCHERER
ERSTLINGSWERK
EIN WIESBADEN-KRIMI
REIHE K - das Buch für die Hosentasche
2. Auflage 2022
Festeinband, 120 Seiten
Format: 8,5 x 12,5 cm
ISBN 978-3-946112-25-9, 11,00 EUR

ERICH NIEDERDORFER
VILLA ROSINA
KRIMINALROMAN
Softcover, 180 Seiten
ISBN 978-3-946112-90-7, 15,00 EUR

ERICH NIEDERDORFER
BRICKEGICKEL
KRIMINALROMAN
Softcover, 130 Seiten
ISBN 978-3-946112-78-5, 14,00 EUR

Die Landkrimi-Reihe:

BERNDT SCHULZ
EIN HERBST AUF DEM LAND
ROMAN
Softcover, 250 Seiten
ISBN 978-3-946112-74-7, 14,95 EUR

BERNDT SCHULZ
DIE RÜCKKEHR DER KRANICHE
EIN LANDKRIMI AUS DER SCHWALM
Softcover, 246 Seiten, 2. Auflage 2023
ISBN 978-3-946112-77-8, 14,95 EUR

BERNDT SCHULZ
KELLERS RUHE
EIN LANDKRIMI AUS DER SCHWALM
Softcover, 260 Seiten
ISBN 978-3-946112-83-9, 15,00 EUR

BERNDT SCHULZ
DAS DUNKEL IM INNEREN
DES WOLFES
EIN KRIMI AUS DEM ROTKÄPPCHENLAND
Softcover, 212 Seiten
ISBN 978-3-946112-87-7, 15,00 EUR

HAJO GELLHAUS
MORD IM
TAUNUS ADVENTURE PARK
KRIMINALROMAN
Der zweite Fall von Kommissar Leichtfuß
Softcover, 182 Seiten
ISBN 978-3-946112-30-3, 12,50 EUR E-BOOK
ISBN 978-3-946112-38-9, 9,49 EUR

HAJO GELLHAUS
MORD AN DER ALTEBURG
KRIMINALROMAN
Der erste Fall von Kommissar Leichtfuß
Softcover, 176 Seiten, 4. Auflage 2018
ISBN 978-3-946112-06-8, 12,90 EUR
E-BOOK ISBN 978-3-946112-37-2, 9,49 EUR

GERLINDE LERCH
OTTOKAR DER FROSCH
Mit Illustrationen von Terese Opitz
Festeinband, Großformat in Farbe, 116 Seiten
ISBN 978-3-68935-002-4, 24,00 EUR

FRANK HARALD SCHRÖDER
DAS SCHWEINCHEN RUTZEFUTZ
UND SEINE FREUNDE
TEXTE UND LIEDER
Mit Illustrationen von Marvin Herbring
Festeinband, Großformat in Farbe, 88 Seiten
ISBN 978-3-946112-76-1, 20,00 EUR

GERHARD MOHLER (HG.)
MÄRCHEN UND LEGENDEN
FÜR KINDER UND ERWACHSENE
SCHRIFTKUNST
Festeinband mit Leseband
112 Seiten in Farbe
ISBN 978-3-946112-50-1
18,00 EUR

NIELS-JOHANNES GÜNTHER
DIE SCHATZFÄNGER
UND DAS HÖHLENABENTEUER
JUGENDROMAN
Mit Illustrationen von Lara Ennigkeit
Softcover mit Klappen, 180 Seiten in Farbe
ISBN 978-3-946112-26-6
15,00 EUR

EMELY ARNHEITER
LÜMPFLAND IN GEFAHR
ERZÄHLUNG
Mit Illustrationen von Denis Mohr
Softcover, 102 Seiten
Format: 17 x 17 cm
ISBN 978-3-946112-51-8, 15,00 EUR

BERNHARD SATTLER
LUALMA STRAHLT IN DIE WELT
ERZÄHLUNG
Mit Illustrationen von Denis Mohr
Softcover, 153 Seiten
Format: 17 x 17 cm
ISBN 978-3-946112-22-8, 15,00 EUR

JELISAVETA KOVA
MIT TIERKINDERN
AUF ENTDECKUNGSREISE
GESCHICHTEN
Softcover, 50 Seiten
Format: 21 x 21 cm
ISBN 978-3-946112-08-2, 11,80 EUR

SCHREIBTISCH. Literarisches Journal

Ausgabe 2023
Softcover, 222 Seiten
ISSN 2567-1138
ISBN 978-3-946112-91-4, 16,00 EUR

Ausgabe 2022
Softcover, 220 Seiten
ISBN 978-3-946112-85-3, 15,00 EUR

Ausgabe 2021 - Jubiläumsausgabe
Softcover, 258 Seiten
ISBN 978-3-946112-75-4, 14,00 EUR

Ausgabe 2020
Softcover, 236 Seiten
ISBN 978-3-946112-59-4, 12,00 EUR

Ausgabe 2019
Softcover, 224 Seiten
ISBN 978-3-946112-44-0, 10,00 EUR

Ausgabe 2018
Softcover, 160 Seiten
ISBN 978-3-946112-07-5, 7,00 EUR

Ausgabe 2017
Softcover, 112 Seiten
ISBN 978-3-946112-04-4, 6,00 EUR